本书为上海财经大学浙江学院发展基金项目（2021GR006）成果

中小型物业服务企业转型升级研究

以星河物业为例

左文进　著

ZHEJIANG UNIVERSITY PRESS
浙江大学出版社
·杭州·

图书在版编目（CIP）数据

中小型物业服务企业转型升级研究：以星河物业为例 / 左文进著. —杭州：浙江大学出版社，2022.11
ISBN 978-7-308-23086-5

Ⅰ.①中… Ⅱ.①左… Ⅲ.①中小企业—物业管理企业—企业管理—研究 Ⅳ.①F293.33

中国版本图书馆 CIP 数据核字(2022)第 176994 号

中小型物业服务企业转型升级研究——以星河物业为例
左文进　著

策划编辑	曲　静
责任编辑	蔡圆圆
责任校对	许艺涛
封面设计	周　灵
出版发行	浙江大学出版社
	（杭州市天目山路 148 号　邮政编码 310007）
	（网址：http://www.zjupress.com）
排　版	杭州青翊图文设计有限公司
印　刷	广东虎彩云印刷有限公司绍兴分公司
开　本	710mm×1000mm　1/16
印　张	14.25
字　数	203 千
版 印 次	2022 年 11 月第 1 版　2022 年 11 月第 1 次印刷
书　号	ISBN 978-7-308-23086-5
定　价	68.00 元

前　言

自 21 世纪初"用工荒"在沿海城市出现以来,至今已经蔓延至我国大部分地区。当前我国物业服务企业普遍存在经营成本持续上涨、盈利空间被严重压缩的现象,原本微利的行业面临前所未有的生存压力。"春江水暖鸭先知",许多优秀的物业服务企业自 2005 年前后就开始了转型升级探索。长城物业强调用现代新技术改造传统物业服务,绿城物业利用幸福绿城 App 集成各项物业服务构建智慧园区,万科物业基于"互联网＋"物业服务智能化推进万科云服务体系。物业服务行业转型升级强调的是现代管理方法和现代信息技术的应用,从而对物业服务行业从业人员提出了更高的要求。

由于物业服务行业的快速发展,竞争日益加剧。中小型物业服务企业在高端物业服务市场无法与大型物业服务企业竞争,以至于大部分中小型物业服务企业不得不采用价格战的方式,以低于成本价中标物业服务项目,日常管理又降低服务标准,如此恶性循环对于物业服务行业发展极为不利。近年来,少数大型物业服务企业迅速扩张,很多中小型物业服务企业则处于被市场淘汰的边缘,物业服务市场呈现两极化趋势,物业服务行业转型升级势在必行。计算机互联网的不断发展和大数据技术的广泛应用为传统物业服务行业转型升级提供了前所未有的机遇和挑战。如何依托现代科学技术,采用现代经营管理方式,改进物业服务模式是关系到中小型物业服务企业生存发展的基本问题。

本书以温州星河物业管理有限公司(以下简称星河物业)为研究对象。作为中小型物业服务企业的一员,星河物业在激烈的市场竞争中找到了发展的契机,同时紧跟互联网技术的发展,寻求适合自身发展转型升级的路径。首先,本书通过对传统物业服务"四保"模式进行深入的分析,寻找阻碍物业服务企业发展的原因,探讨适合中小型物业服务企业转型升级的动力及路径。其次,基于星河物业服务转型升级之臻星服务体系实践,创造性地构建了物业服务"四臻"模式理论,通过实地调研采集多家物业服务企业高端物业服务项目的 92 个实例,分析、演绎物业服务"四臻"模式,充实现代物业服务理论并为其应用提供借鉴。最后,基于物业服务行业发展对人才需求的分析,重点探讨了高校物业管理专业人才培养模式创新和课程体系优化问题,并在总结星河物业转型升级经验的基础上提出物业服务企业转型升级的路径。自开展转型升级以来,星河物业收入由 2015 年的 54331 万元增加到 2021 年的 123370 万元,年均增长率为 17.8%。同时,星河物业员工总数由 1138 人增加到 1806 人,其中大学文化程度的员工由 30 余人增加到近 100 人。数据分析表明,星河物业过去五年发展速度明显快于同类物业服务企业平均水平,这反映出转型升级给星河物业带来了较好的发展前景。

本书由左文进确定选题、拟订研究计划和写作提纲,参与各章撰写并负责审订工作;上海财经大学浙江学院多位师生参与了前期调研和书稿撰写,其中,陈雨欣和左文进负责第一章,李易翰和左文进负责第二章,李慧、刘丽君和左文进负责第三章,闻传震、左文进和胡志明负责第四章,赵怡、左文进和刘丽君负责第五章,左文进负责第六、第七章,赵怡和左文进负责第八章,闻传震负责问卷调查和资料搜集的日常工作。

特别感谢温州星河物业管理有限公司运营团队!他们为本书的基础调研和资料搜集工作提供了极大的便利,总经理林金涛先生还为本书提供了诸多富有建设性的意见。星河物业的温州博物馆、温州文化馆、君庭领墅和尚品公寓等在管项目的负责人及相关管理人员为本书实地调研提供了帮助。特别感谢浙江大学出版社曲静和蔡圆圆女士为本书出版付出的辛劳!

　　本书得到上海财经大学浙江学院发展基金(2021GR006)的资助。本书写作前后,我们还与杭州万科物业服务有限公司邓孝彬、黄元杰,绿城物业服务集团朱海蓉、谢文佳、杨瑶,温州物业管理界余家乐、苏小东、兰瑞瑞、林丽、陶海燕等人进行了交流,本书写作过程中参考了许多物业管理领域专业人士的论著,这些都为本书的写作提供了诸多宝贵的素材和思路,在此表示深深的谢意！由于作者水平有限,本书错漏在所难免,敬请诸位读者批评指正！如有任何意见或问题,请发邮件至:123170352@qq.com。

左文进

2022 年 1 月 5 日

目　录

第一章 绪 论

第一节 研究背景和意义

一、研究背景

(一)我国物业服务行业的发展

19 世纪 60 年代,物业管理起源于英国。20 世纪 80 年代初,物业管理由我国香港引入内地。40 多年来,我国物业服务行业取得了举世瞩目的成就,在扩大内需、解决就业、拉动经济增长中发挥了积极作用。最新统计表明,全国物业服务企业约有 11.8 万家,从业人员为 904.7 万人,年经营总收入约 6007.2 亿元,全国物业管理面积达 246.65 亿平方米。[1] 以城市住宅为例,新建住宅物业覆盖率已近 100%,多数城市老旧小区物业覆盖率已超 80%。物业服务行业已成为我国社会生产生活的基础性行业。在物业服务需求持续旺盛的背景下,许多物业服务企业积极迈向资本市场。自彩生活 2014 年 6 月 30 日在香港主板上市后,中海物业、绿城服务等物业服务企业先后跟进。截至 2021 年 5 月 20 日,中国共有 44 家物业服务企业登陆资本市场,另有 19 家已处于上市前的冲刺阶段。

(二)现代物业服务业的产生

随着时代的发展,全球信息化的潮流奔涌而来,产生了极其深刻的社会影响,同时也演绎了人类社会的发展变革,数字信息化技术也从原先的发展辅助工具,成为 21 世纪社会经济发展的引擎。"互联网＋物业"已经成为发挥资本、互联网和物业服务各自优势,整合线上线下资源的产业融合新业态。[2]随着计算机互联网技术的不断发展和大数据技术的广泛应用,现代物业服务应运而生。现代物业服务业是现代服务业的重要组成部分。关于现代物业服务的定义,已有文献中尚未形成统一的意见,参考现代服务业和物业管理研究相关理论成果[3,4],本书将现代物业服务定义为:以满足客户需求为中心,充分运用现代科学技术和现代管理方法,围绕房屋及其附属设施管理展开的一系列服务的总和。

(三)中小型物业服务企业面临的挑战

近年来,以万科、绿城和碧桂园为代表的大型物业服务企业,凭借自身的发展规模、知名度以及相关房地产开发企业的扶持,在物业服务行业具备了领先优势。广大中小型物业服务企业在物业服务市场竞争中面临着大型物业服务企业的降维打击。更为糟糕的是,由于人财物资源的匮乏,中小型物业服务企业缺乏改善经营水平的能力,依赖于劳动力投入而面临着被市场淘汰的危机。[5]物业服务行业竞争日益加剧,市场呈现两极化趋势。许多中小型物业服务企业只能使用价格战的方式,以低于市场成本的价格来中标低端项目。在经济发展新常态下,中小物业服务企业所面临的生存压力急剧增加,亟须通过转型升级探索新的发展空间,找到可持续发展的道路。

二、研究意义

(一)理论意义

1.发展适应转型升级要求的中小企业管理理论

物业服务行业转型升级已成为业界的共识,已有理论研究针对物业服务行业发展现状、问题及动力开展了较为深入的探讨,但缺少专门针对中小型物业服务企业转型升级的理论研究。中小型物业服务企业数量占物业服务企业总数九成以上,相对于大型物业服务企业面临着更严峻的转型升级压力。因此,研究中小型物业服务企业转型升级理论对于发展中小型企业管理理论具有深刻的理论价值。

2.探索现代服务业背景下的物业服务管理理论

现代物业服务企业是传统物业服务企业转型升级的目标,因此物业服务企业转型升级与现代物业服务业是既有区别又存在密切联系的两个范畴。前者是后者的手段,后者是前者的目标。既然物业服务行业转型升级成为业界共识,那么物业服务行业转型升级的目标——现代物业服务业是什么?现代物业服务业有何特征?现代物业服务模式是怎样的?已有理论研究缺少相关探讨。研究现代服务业背景下的物业服务理论体现了本书的理论意义。

(二)实践意义

1.为中小型物业服务企业改善经营管理提供参考

一方面,星河物业通过市场布局的转型,将业务重心从住宅市场向公建类物业等非住宅物业转型,有效提高了自身的竞争能力;另一方面,星河物业根据以市场化为导向的要求实行差异化策略,针对发展中面临的问题改进物业服务模式,有助于满足客户需求,为客户提供更加完善的服务,使得物业服务企业走出传统物业管理"低标准、服务水平低"的弊端。

2.为中小型物业服务企业转型升级实践提供借鉴

星河物业提出"臻星"服务概念,但缺少相关的理论内涵分析。本书基于物业管理相关理论研究成果,结合星河物业发展实践经验,构建了"四臻"模式理论体系。在物业服务实践中践行"四臻"模式,有利于提高物业服务企业的服务效率,保证其服务品质,提高客户的满意度,从而提升物业服务企业核心竞争力。从传统物业管理转型升级为现代物业服务企业,"四臻"模式对于中小型物业服务企业实践具有借鉴意义。

第二节 研究思路与方法

一、研究思路

本书以星河物业为例,结合相关理论分析成果和物业服务行业发展状况,总结传统物业服务"四保"模式及其特征,研究物业服务行业转型升级的现状、策略和路径,提出并发展现代物业服务"四臻"模式理论及其特征,并通过物业服务实例及其分析演示了现代物业服务情景,最后结合现代物业服务人才需求探讨了高校物业服务人才培养模式创新和课程体系优化。研究目的在于总结物业服务行业转型升级的经验,为广大中小型物业服务企业发展提供借鉴。本书研究思路如图1-1所示。

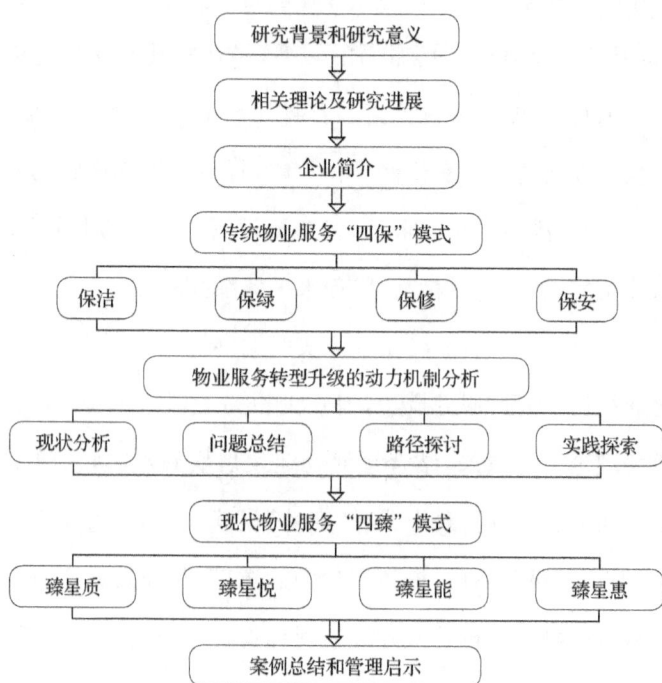

```
研究背景和研究意义
        ↓
相关理论及研究进展
        ↓
    企业简介
        ↓
传统物业服务"四保"模式
  ┌────┬────┬────┬────┐
保洁   保绿   保修   保安
  └────┴────┴────┴────┘
        ↓
物业服务转型升级的动力机制分析
  ┌────┬────┬────┬────┐
现状分析 问题总结 路径探讨 实践探索
  └────┴────┴────┴────┘
        ↓
现代物业服务"四臻"模式
  ┌────┬────┬────┬────┐
臻星质   臻星悦   臻星能   臻星惠
  └────┴────┴────┴────┘
        ↓
  案例总结和管理启示
```

图 1-1 研究思路

二、研究方法

(一)文献研究法

对物业服务转型升级相关理论的主要内容及最新研究进展进行文献述评,同时搜寻和梳理有关现代物业的相关政策法规,总结分析星河物业服务模式发展的背景和特征。结合已有文献分析,发展物业管理相关理论,提出相关的发展策略、手段和措施。

(二)实地访谈法

对星河物业进行实地调研,搜集该公司的历史、发展现状及战略规划相关资料,考察多个物业服务项目现场,与各层级管理人员深入访谈,最后通过问卷调查分别采集客户(包括住宅物业的业主、物业服务使用人和非住宅物业的访客等直接享受物业服务的各类主体,后文不再详述)和员工满意度评价信息,全面深入搜集星河物业的相关信息。

(三)案例研究法

结合文献分析和现场调研结果,运用归纳和演绎相结合的方法,以星河物业服务实践为例,阐述和完善物业服务模式理论,并总结物业服务行业转型升级面临的问题和可行的建议,为物业服务企业改善经营管理提供理论依据和对策参考。

(四)统计分析法

对星河物业在实施传统物业服务"四保"模式阶段的数据以及转型升级成为现代物业服务"四臻"模式后的数据进行计量分析,结合其在发展过程中的现状和问题,归纳出星河物业运行"四臻"模式的特点和优势,分析物业服务模式转型升级的动力机制。

第三节　星河物业简介

一、企业概况

（一）总体情况

星河物业,创建于 1996 年 9 月,现为温州地区唯一具有国有资本股份的混合所有制物业服务企业,隶属于温州市交通发展集团有限公司。星河物业诞生地温州,是浙江省三大中心城市之一,与丽水市、台州市接壤。目前,星河物业经营区域已覆盖浙江和福建两个省份,设有景山、洞头、福鼎、中汇四个分公司。近年来,星河物业先后获得"温州服务业百强企业""中国十佳公众物业管理特色企业""国家一级资质物业管理单位""温州市物业管理协会副会长单位""物业服务行业优秀企业"等荣誉。

（二）企业标志介绍

星河物业将自己的英文简称命名为 Sapphires Service。Sapphires 源于拉丁文 Spphins,意为蓝色,当内部生长有大量细微的被称作金红石的矿物的蓝宝石被磨成凸面的宝石,顶部会呈现出六道星芒,这样的蓝宝石被称为星光蓝宝石,蓝宝石也象征着忠诚、坚贞、慈爱和诚实。Sapphires Service 可诠释为星河物业要追求星光蓝宝石式的服务,体现星河物业对服务产品品质的专心,有信用,重态度,讲责任,并追求一种亲力亲为、尽力而为的服务精神(见图 1-2)。

图 1-2　星河物业标志

星河物业标志由 4 片榕树绿叶围绕一颗星形图案组成,意为绿叶捧星。榕树为温州市树,代表星河物业的地域特色。星形取自公司原图标,代表公司发展要继承 20 多年来积累的成功经验。绿叶捧星也代表在新一轮业务发展中,星河物业会保持乐于付出、勇于担当的绿叶精神,"星"又谐音"心",代表着星河物业将紧紧围绕客户心愿,不断提升物业服务品质,满足各类客户需求,实现共赢目标。

(三)企业法人简介

林金涛,温州星河物业管理有限公司总经理,高级经济师,国家首批注册物业管理师,温州市人民代表大会常务委员会立法专家库成员,第五届温州仲裁委员会仲裁员,温州市财政绩效评价专家库成员,浙江省综合评标专家库成员。从事物业服务行业实践 20 多年,从事物业管理、社区治理等实践性研究,多次参与省、市物业管理相关政策及法规起草与论证工作。

1998 年加入星河物业后,林金涛先后担任质量管理部主任、项目总监、副总经理、总经理等职务。在企业管理实践中,积极学习各类专业知识,尤其是关注物业管理法律法规的更迭,并将所学知识与实际管理工作相结合,为规范与提升企业管理水平发挥了促进作用。同时,他积极提升驾驭企业发展的能力,特别是物业管理专业技术能力和"互联网+"的专业适应能力,努力践行知行合一。

林金涛担任企业负责人以来,各服务项目与企业发展业绩多次得到省、市、区相关行政主管部门的表彰。在星河物业不同岗位的经历,让林金涛对于物业管理行业和本企业状况有着深刻的了解。近年来,物业服务行业人工成本持续上涨,行业竞争日趋激烈,行业头部企业并购时有发生,使得像星河物业公司这类中小型物业服务企业的发展面临严峻的挑战。林金涛及其管理团队择机而行,2015 年前后主动调整企业发展策略,从细分市场着手,重新定位目标市场,将主营业务从原本以住宅类业务为主逐渐转向以非住宅类业务为主,现在企业的发展呈现出良好的态势。

二、发展历程

星河物业成立初期，我国物业服务行业还处于起步阶段，星河物业按照传统物业服务行业的基本要求，做到了保绿、保修、保安和保洁。与许多中小型物业服务企业一样，星河物业只需要保障客户人身财产的安全，有整洁美观的住宅环境，所有设备都维持正常，企业经营就圆满完成了任务。现代物业服务行业的发展，给中小型物业服务企业带来前所未有的挑战，星河物业面临着中高端住宅物业服务市场竞争激烈、物业服务经营成本持续上涨等问题。为应对市场变化带来的挑战，星河物业开始了转型升级之路。星河物业服务转型升级路线如图 1-3 所示。

核心业务转型 → 开发产品体系 → 强化服务标准 → 开发互联网平台

图 1-3　星河物业服务转型升级路线

（一）核心业务转型

资金和技术是当前物业服务业转型升级的基础要素。与大型物业服务企业相比，星河物业在资金和技术上没有优势，这无疑是星河物业发展面临的巨大挑战。星河物业在困难中寻找生机，将发展目标聚焦到业务转型上。从 2015 年开始，星河物业首先将其目标市场定位为以公建类项目为主的非住宅业务，聚焦温州及周边地区的物业服务市场。目前，星河物业的非住宅项目数量占全部项目的比例已经达到 80％。

（二）开发产品体系

针对各种业务及其不同的需求，星河物业开发了一套产品服务体系——"臻星"服务体系。由于星河物业已经逐渐将物业服务市场转型为以公建类项目为主,因此星河物业的服务对象大多数为对公单位。为此,星河物业结合自身特点,主动适应宏观环境的发展要求,在"臻星"服务体系中加入"红色"和"绿色"的概念,前者强调党建的引领作用,后者强调遵循可持续的发展理念。

(三)强化服务标准

制定物业服务标准一直是物业服务行业面临的棘手问题。星河物业在经营管理中不断地完善物业服务标准体系,对实践中不同岗位、不同环境的物业服务需求,制定各具特色的标准和规范,为物业服务水平提高提供保障。

(四)开发互联网平台

在互联网日益普及的今天,科技让人们的生活变得便捷。星河物业将物业服务与互联网科技相融合,致力于开发物业服务智慧平台。该平台涵盖了人力资源、财务管理和物业服务各项职能,有效提升了星河物业的管理效率。

三、主营业务

在 2015 年以前,星河物业主要以住宅类业务为主,承接各类新旧住宅小区物业服务项目。近年来,星河物业开始转型,将主要业务逐渐从以住宅类业务为主转向以非住宅类业务为主的业务结构。

(一)住宅业务

星河物业目前经营着 16 个住宅类物业服务项目,其中包括星河物业最早一批承接的老旧住宅项目,如尚品公寓等。近年又承接了高档小区项目,如君庭佳苑等(见图 1-4)。迥异的住宅类项目,展现了城市发展的脉络,也体现了星河物业的发展足迹。星河物业依据住宅小区物业管理相关标准,结合不同项目个性化需求,为各类项目定制物业服务标准。对于住宅类业务,物业服务企业需要做的就是保障客户安全。随着人工智能技术的发展和应用,人脸识别为小区安全提供了保障。星河物业为保证小区客户安全,给新旧小区都安装了人脸识别（刷卡）门禁系统。除此之外，对绿化、保洁和快递收发等服务，星河物业开发了相应的服务标准。近年来，星河物业住宅服务项目环境得到不断改善，图 1-5 是部分项目服务场景。

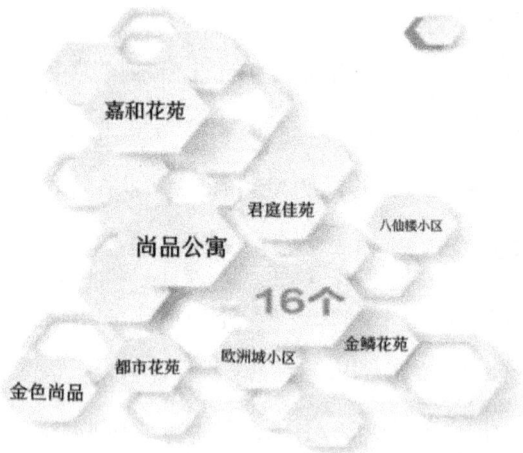

图 1-4　星河物业住宅类项目分布

图 1-5　星河物业住宅项目服务场景

(二)非住宅业务

近年来,星河物业由原本以住宅类项目为主的业务逐渐转向以非住宅类业务为主,目前星河物业非住宅类项目已有 50 余个。在非住宅类项目中,星河物业服务项目涵盖了不同的项目类型。这些项目包括温州博物馆和温州大剧院等开放场馆、温州医科大学等教育设施、金融大厦和尚品国际等行政商务中心、温州市景山森林公园和世纪广场公园等城市公园。星河代表性公建项目分布如图 1-6 所示。

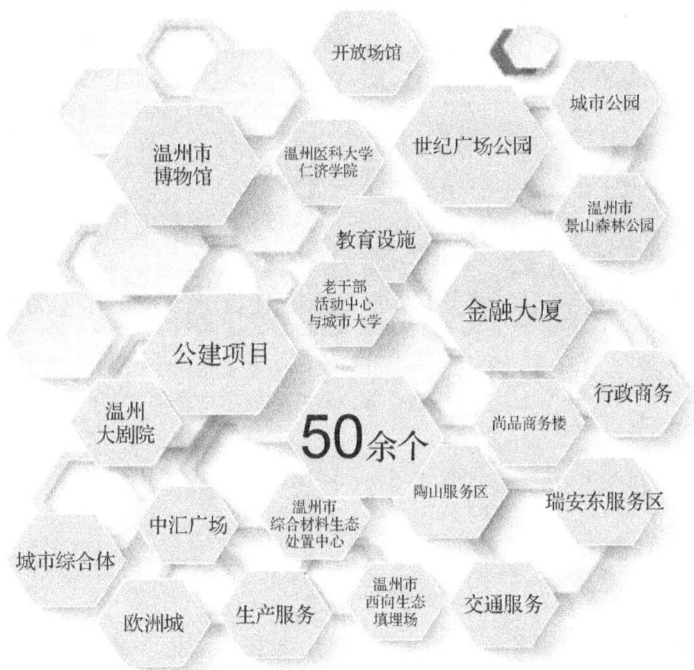

图 1-6 星河物业非住宅类项目分布

星河物业非住宅类业务涵盖了高校校园、交通服务、生产服务和城市综合体等项目类别。在非住宅类业务中,星河物业会根据不同客户的要求,对项目做出不同的物业服务方案,协助客户完成基础保障工作,星河物业部分非住宅项目形象如图 1-7 所示。

图 1-7　星河物业部分非住宅类项目形象

四、企业文化

（一）企业愿景

基于国内外物业服务行业的发展趋势,结合物业服务行业现有理论体系及服务模式,星河物业根据企业现有项目类型与服务特色,提出了符合自身特点的企业愿景——城市综合设施服务商。

（二）企业使命

星河物业在转型升级实践中,在市场细分基础上将目标市场定位为以非住宅类项目为主,所以当前乃至今后星河物业服务对象更多的是公建类项目。为响应我国大力倡导建设美好城市的时代号召,星河物业将"共筑城市新美好"作为其企业使命。

(三)企业精神

企业精神是企业文化的核心,在整个企业文化中发挥支配性作用。物业服务行业属于服务业,专业服务和责任意识是星河物业一直坚持的品质基础。因此,星河物业将其企业精神确定为"专业铸品质,责任赢未来"。

(四)企业荣誉

星河物业荣获多项荣誉奖项并持有多项资质证书,是值得信赖的物业服务企业。星河物业近年获得的主要荣誉如下:

(1)温州市鹿城区重点企业;

(2)温州市鹿城区十好企业;

(3)温州市物业服务行业优秀企业;

(4)温州市鹿城区服务业50强企业;

(5)温州市鹿城名牌产品;

(6)温州市鹿城区信用管理先进企业;

(7)中国物业服务行业十佳公众物业服务企业;

(8)温州市物业服务好管家;

(9)温州市服务业标准化优秀试点项目;

(10)温州市服务业100强企业;

(11)温州市第一批疫情防控事迹突出党组织;

(12)"全国物业管理示范大厦"项目2个;

(13)"全国物业管理优秀大厦"项目2个;

(14)"浙江省物业管理优秀大厦"项目5个;

(15)"温州市物业管理优秀示范大厦(大楼)"项目12个。

第二章 相关理论进展及其现实意义

第一节 物业管理理论

一、物业管理的起源与发展

（一）物业管理的起源

物业管理是伴随着人类生活居所而发展的。19 世纪 60 年代,英国的奥克维娅·希尔女士为其名下出租的物业制定了一套规范租户行为的管理办法,出乎意料地产生了良好的管理效果,吸引了当地人们纷纷仿效,这是现代意义上物业管理的起源。[6]1908 年,世界上第一个物业管理组织——芝加哥建筑物管理人员组织(CMBO)成立。20 世纪 30 年代,以美国建筑物业与管理人员协会为代表的物业管理行业组织相继成立,标志着物业服务行业走向成熟。

（二）物业管理在我国的发展

20 世纪 80 年代初,物业管理从香港传入内地。内地第一家物业管理企业于 1981 年在深圳成立,1985 年成立了深圳市房管局;1994 年建设部出台《城市新建住宅小区管理办法》,首次从法律上确定了我国物业管理实行社会化、专业化管理模式;2003 年国务院出台《物业管理条例》,确立了我国物业管理的基本制度。我国物业服务行业发展先后经历了试点阶段、全面推广及品牌化发展阶段,目前处于向现代物业服务业转型升级的阶段。[7]

二、物业管理理论与实践

(一)西方的物业管理

20世纪30年代,以美国建筑物业与管理人员协会为代表的专业组织针对物业管理开展研究。这些机构先后针对住房数量、质量及管理方式进行研究,提倡政府介入解决住房数量不足和质量低下等问题。[8]80年代,物业管理研究内容重在如何提高住房质量和舒适度,减少政府干预,扩大物业管理作用。90年代以来,学者们提出设施管理的概念,将人、社会和环境结合在一起,以提升人类工作生活质量、物业价值及人类可持续发展为目标。[9,10]

西方发达国家物业服务实践异彩纷呈,形成了各具特色的模式和经验。[11,12]美国物业管理法规完善,市场发展成熟,从业人员素质较高,形成了独具特色的美式物业管理模式。英国物业管理行业社会化程度高,物业服务企业人员精干,效率高,固定人员少,任何人和企业只要具备条件,领取营业执照即可从事物业管理。瑞士大多数物业服务企业是私营的,将提供优质且多样的物业服务作为参与市场竞争的核心要素。日内瓦大多数城镇居民特别看重物业服务质量,住宅小区通常没有围墙,每栋居民楼仅有一名物业服务企业的管理员,负责楼内保洁、绿化及节日装饰等活动,涉及客户的专项服务,管理员负责联系专业公司上门服务。澳大利亚需严格按照物业类型划分,须持有从事物业管理的执照。多层住宅楼中由业主代表推选一人负责楼内所有事务,高层住宅楼和商用办公大楼由于物业管理较为复杂,一般聘请专业的物业服务企业开展物业管理工作。总的来说,西方发达国家由于其城市经济的高度成熟,在物业管理实践中积累了大量经验[13],物业服务行业市场化及专业化水平高,物业服务质量评价通常采用顾客满意度指数模型测评方法。

(二)我国的物业管理

随着城镇化背景下房地产行业的扩张,我国物业服务实践快速发展推动了理论研究的进展。唐欣和王德成[14]回溯了中国物业服务的运营历史,将其分为萌芽期、专业化发展期以及规范化经营三个阶段,讨论了我国物业服务规范化、标准化和物业服务企业品牌化等方面取得的成就和存在的问题,并展望了物业管理可持续发展的新模式。刘伟杰梳理了物业服务行业的发展历史,总结了物业服务行业未来发展的几个趋势,即市场化、专业化、多元化、资产管理和产业链延伸。[15]物业服务企业应紧紧围绕这几大趋势进行自身建设,要善于把握、顺应和利用这些趋势,谋取更大的发展空间。程存峰和严霄蕙基于物业服务行业发展现状观察到当前社会发展中出现的新思维、新理论、新方法和新工具对于物业服务行业的影响,探讨了物业服务行业的可持续性、行业集中度、市场定位、网络化和智慧化等问题,通过剖析物业服务行业发展的前景,认为物业服务行业发展应该积极响应新环境的要求,努力创新服务方式来适应行业发展的趋势。[16]

自物业服务行业出现以来,受政治、经济和法律等因素的影响,港澳台地区物业服务行业发展状况差异较大。香港物业管理法律体系完善,还设有仲裁等专门机构处理物业相关事务。香港物业服务企业几个人就可管好一个物业服务项目,原因在于众多专业公司的支持。香港住宅大多实行专业的物业管理,物业管理收费较高,但可以提供全面且高质量的服务。香港物业管理典型模式为"消费者模式及业主全面参与模式"[17]。澳门物业管理公司可分为附属于开发商、独立经营及所有人大会自行聘请物业管理人员三种类型。由于楼宇差异导致物业费用差别较大,澳门相对香港物业管理发展较晚,但特区政府对物业服务企业在政策、培训等方面支持力度较大。台湾将物业管理区域分为专有部分、约定专用部分和共同部分,专有部分和约定专用部分的修缮、管理、维护由各区分所有权人或约定专用部分之使用人负责并承担费用,共同部分则由管理委员会负责,费用由公共基金支付或者区分所有权人按照共有比例分担。[18]

三、物业管理理论研究的现实意义

(一)培养中小型物业服务企业转型升级的内在动力

当前,我国物业服务行业存在管理体制不完善、法规不健全、观念滞后等问题[19],其中突出表现为物业服务纠纷频发、人才严重不足、盈利水平低及市场化、专业化水平不高等问题[20,21]。理论源于实践,又服务于实践。在物业服务行业转型升级过程中,我国中小型物业服务企业面临着巨大的挑战,迫切需要理论指导。因此,针对中小型物业服务企业转型升级开展研究具有重要的现实意义。

(二)塑造中小型物业服务企业转型升级的外部环境

与物业服务行业紧密相关的因素主要包括社会认知、人才供给和政府规制等,这些问题交织在一起形成物业服务转型升级的外部环境,再通过物业服务模式对物业服务企业经营行为产生影响。具体来说,目前中小型物业服务转型升级的外部环境存在的问题主要是公众美誉度不够、愿意从事物业行业的人才供给数量和质量不够以及来自政府机构相关政策法规等的支持有限。2013年,中国物业管理协会时任会长谢家瑾同志在三届三次理事会上指出:行业长期积累的矛盾在成本不断上涨的大环境下进一步凸显,传统发展模式已难以为继,加快物业服务行业向现代物业服务业转型升级已刻不容缓。

第二节　产业发展理论

一、产业发展理论应用的现实背景

产业发展理论是研究产业在发展过程中的规律、周期、影响因素、产业转移、资源配置和政策法规等问题的理论。产业发展规律可用来研究产业从诞生、成长、消亡各个阶段所需要具备的特定因素及其作用机制，以便采取相对应的行动措施。[22]研究产业发展规律有利于政府针对产业发展各个不同阶段的发展规律采取适当的产业发展政策，也有利于企业根据这些规律采取相应的企业发展战略。一个新的产业诞生大多是从新事物的产生开始的，但是又依赖于政府和企业对新事物研发支持的政策和战略。产业发展规律可能因不同发展阶段而不同，不同产业同一阶段的发展规律也可能各不相同。[23]因此，只有在深入掌握产业发展理论内涵的基础上，结合产业实际情况进行研究，才能为产业发展提供富有指导意义的对策。

二、产业发展理论的基本内容

产业发展理论具有丰富的理论体系，其中主要包括配第—克拉克定理、库兹涅茨法则、比较优势理论、产业集群理论和霍夫曼定理等。与本书主题相关，产业发展理论可进一步归纳为产业结构理论、区域分工理论和发展阶段理论。

（一）产业结构理论

产业结构也叫产业体系，指一个国家或地区产业资源在产业之间的配置状态。随着社会经济的发展，在纵向的产业层次上，从较为低级的产业向高级产业升级;在产业横向结构上,从较为简单化的结构形式向繁杂结构演变升级,产业结构理论发展涵盖了配第—克拉克定理和库兹涅茨法则两个理论。配第—克拉克定理是科林·克拉克在威廉·配第国民收入与劳动力关系说的基础上提出的,主要描述了随着经济的发展,劳动力逐渐从第一产业向第二、三产业转移。当第一产业的劳动力比重较大时,说明该国或该地区的经济水平较低;反之,当第二、三产业的劳动力比重较大时,该国或该地区的经济水平较高。库兹涅茨法则是在配第—克拉克定理的基础上,通过对各国或地区全民收入和劳动力在产业间分布的变化情况进行统计分析的结果。[24]随着时间的推移,第一产业的国民收入和第一产业所占据的劳动力比重不断下降;第二产业的国民收入比重从整体上来看是上升的,而劳动力的比重大体不存在变动;第三产业的国民收入和劳动力比重基本上都是上升的。[25]

(二)区域分工理论

区域分工理论是运用国际贸易相关理论研究区域分工的理论。基于区域分工分析城市产业发展优势、劣势及潜力,确定城市在区域产业发展中发挥的作用,避免"就城市论城市"的产业确定方式,包含了比较优势理论、新贸易理论和产业集群理论。[26]基于对亚当·斯密的绝对优势学说的批判,大卫·李嘉图提出的比较优势理论,是国际贸易的理论基础。保罗·克鲁格曼等提出新贸易理论,其是以规模经济和非完全竞争市场为两大支柱的完整经济理论体系,以实际考证的方式来解释贸易格局,填补了传统贸易理论体系的逻辑空白。产业集群是指一组相互关联的企业聚集在一个特定的地区,从而形成集聚效应、规模效应和外部效应,使得其中的企业在各自的行业具有了竞争力。产业集群理论于20世纪80年代由麦克尔·波特创立,目前已发展成为区域分工理论体系的必要组成。

(三)产业发展阶段理论

1931 年,霍夫曼在其成名作《工业化的阶段和类型》中指出:随着工业化的发展,消费品部门与资本品部门的净产值之比是逐渐下降的。实践中通常采用轻工业与重工业的对比关系把工业化分为四个阶段[27],如表 2-1 所示。

表 2-1　霍夫曼工业化经验法则

阶段划分	阶段名称	霍夫曼比例	阶段特征
第一阶段	轻纺化阶段	3.5 以上	消费资料工业生产在制造业中占统治地位,重工业生产不发达
第二阶段	轻纺化向重工业化过渡阶段	1.5～3.5	与轻工业相比,重工业获得较快发展,轻工业比重明显大于重工业
第三阶段	重工业化前期阶段	1～1.5	轻重工业规模达到大致相当水平
第四阶段	重工业化后期阶段	1 以下	重工业规模大于轻工业规模

罗斯托的经济成长理论认为社会发展必须经过六个阶段:传统社会阶段、起飞准备阶段、起飞阶段、成熟阶段、高额群众消费阶段和追求生活质量阶段。[28]各个阶段的演进是以主导产业部门的更替为特征的,各阶段均有起主导作用的产业部门。

三、对中小型物业服务企业发展的实际意义

(一)为中小型物业服务企业独立经营提供理论指导

随着社会经济的全面发展,产业也随之飞速发展。物业服务行业的产业层级呈现复杂化趋势。由于长期以来物业服务企业对于房地产开发企业的附属地位,导致其离不开房地产开发企业的支持。在相当长的时期内,由于物业服务企业与相关联开发商的"裙带关系",存在前者靠后者输血维持企业经营的现象。但这种畸形关系既不利于物业服务行业的发展,也不利于维护

客户的合法权益。没有开发商背景的中小型企业在物业服务行业的竞争中，处于明显的弱势地位。物业服务相关理论研究要求：找出行业和企业发展的一般规律，在反复研究与比较中得出富有价值的结论；要立足于行业和企业的实际需求，保证产业理论研究的持续性与创新性；将其应用到具体的行业发展之中，将理论研究成果转化为相应的标准；同时注重理论研究成果在促进中小型物业服务企业转型升级以实现效益增长上的指导作用。

（二）为中小型物业服务企业专业化发展提供理论指导

伴随着物业管理的发展，物业服务企业经营环境发生了巨大转变。传统物业服务行业以人力资源为主的粗放式发展，已经不适用于当前中小型物业服务企业转型升级的发展要求。产业发展理论提供了基于行业发展的宏观视角，基于相关的理论基础，探索新形势下关于行业发展的改革道路。物业服务专业化是行业发展的必然要求，物业服务企业实施对房屋及附属设施的统一管理，基于但不限于"保绿、保安、保洁、保修"的专业化管理，现行条件下还需充分应用现代信息技术和现代管理方法，突出以人为本的发展理念，并促进社区管理的现代化。中小型物业服务企业运用现代服务模式，可以极大地提高企业对客户的服务能力，通过提升客户感知价值促进物业服务企业的发展。

（三）为中小型物业服务企业信息化建设提供理论指导

随着物业服务行业竞争的不断加剧，物业服务品质越来越被人们重视。从传统物业管理强调基本服务到现代物业强调品质管理，客户对物业服务的需求是质的提升。很多中小型物业服务企业埋头做本职工作，对品质管理并不关注。随着科技的不断发展，物业服务开始引入智能化，部分项目要求高端的服务品质，注重客户感知价值。客户感知价值又分为经济性、功能性、社会性和情感性。在现代物业服务背景下，客户将会对物业服务企业所提供的服务质量更加放心,客户与物业服务企业之间的关系更加融洽,业主获得感知价值也会相应提高。大多数中小型物业服务企业都在利用互联网加强品质管理,打造新的物业服务生态,从而使得物业服务行业迈进信息化时代,由内而外引发物业服务行业数字化变革。物业服务企业依托现代科学技术,利用大数据为企业提供更加准确的反馈信息,通过应用新的物业服务模式,改变传统物业服务运作模式,适应现代物业服务市场环境的要求。总之,中小型物业服务企业信息化建设有赖于产业发展理论的指导。

第三节　核心竞争力理论

一、核心竞争力理论的基本内容

核心竞争力是能够给企业带来比较优势的资源知识和技能。核心竞争力是企业发展中的累积性知识,特别是关于如何协调不同生产技能和有机整合多种技术的知识,并据此创造出超越其他竞争对手独特的经营理念、技术、产品和服务等具有自身特色的优势。[29]核心竞争力理论认为,并不是企业所有的资源、知识和技能都能形成持续的竞争优势。只有当企业资源、知识和技能同时符合下面五项标准时,它们才成为企业的核心能力,并形成企业持续发展的竞争优势。[30]区分核心能力和非核心能力的五项指标如下:

(1)价值性。企业拥有的核心能力对企业和客户是有用的。

(2)异质性。企业拥有的核心能力在同业竞争中具有独有性。

(3)不可模仿性。企业拥有的核心能力很难被竞争对手学会。

(4)难以替代性。很难找到取代该项能力的资源。

(5)延展性。核心能力是企业产品生产或者提供服务的基础。

二、核心竞争力理论的研究进展

(一)国外相关研究

密歇根大学的普拉哈拉德和伦敦商学院的哈默尔于 1990 年在《公司的核心竞争力》中指出,核心竞争力是组织对企业拥有的资源、技能和知识的整合能力,并据此创造出超越其他竞争对手的独特的经营理念、技术、产品和服务。

杰恩·巴尼认为企业之间的异质性使得一部分公司保持着竞争优势。因此,企业资源观强调战略选择,认为公司管理的战略任务就是识别、开发和部署这套独特的关键资源,以最大限度地提高运营回报。后来杰恩·巴尼又进一步提出 VRIO 分析框架。麦肯锡公司认为,企业核心竞争力是指企业内部一系列互补的技能和知识的结合,它具有使一项或多项业务达到创建世界一流水平的能力。[31]此外,巴顿等认为核心能力包括员工的知识和技能、技术体系、管理体系、价值标准和难以完全仿效的组织文化等;提斯指出核心能力是企业内部带来竞争能力和持续优势的一系列不同技能、互补性资产和惯例;克里斯认为核心能力是决定企业战略地位的企业资产投资的总和;费欧认为核心能力不仅仅包括企业有形资产,还包括理解这一有形资产的过程,以及它如何转化为对行动的理解;埃里克森和米克尔森认为企业核心能力既是组织资本又是社会资本。[32]

(二)国内相关研究

刘世锦和杨建龙认为,核心竞争力是企业获得长期稳定竞争优势的基础,是将技术、资产和运作机制有机融合的企业自组织能力,是企业推行内部管理性战略和外部交易性战略的结果。[33]管益忻把企业各种特有的组织、营销及技术视为核心竞争力,企业一旦掌握这些核心竞争力就会转化成本身独有的资源。[34]荆德刚认为核心竞争力是一种具有持久性和凝聚性的企业文化,是企业长期发展形成的独具特色的技能和资源。[35]陈伟等运用计量分析方法证实了知识共享、知识整合在网络联系密度与企业核心能力、网络中心性及企业核心能力关系中具有完全中介作用,但是在网络稳定性与企业核心能力关系当中只具有部分中介作用。[36]

三、对中小型物业服务企业发展的理论启示

(一)有助于中小型物业服务企业核心竞争力的判断

企业核心竞争力的特性包括价值性、异质性和延展性。物业服务企业核心竞争力的价值性是指企业核心竞争力可以为物业服务企业带来收益,在市场竞争中站稳脚跟,同时创造新的产品价值,进行更加完善的产品项目开发,从而形成良性循环。物业服务企业核心竞争力的异质性,要求每一家物业服务企业拥有自身独有的企业文化和愿景,其中不同的人员构成会导致核心竞争力的差异。物业服务企业核心竞争力的延展性对于物业服务企业的市场发展尤为关键,物业服务企业的核心竞争力保证物业服务企业在发展道路上选择适合自身的发展战略和策略,结合企业自身的实际情况突破困境,实现可持续发展。

(二)有助于中小型物业服务企业核心竞争力的发掘

中小型物业服务企业核心竞争力是指中小型物业服务企业所拥有的资源和优势所产生的竞争能力,其决定了中小型物业服务企业在物业服务行业中所拥有的地位和发展前景。物业服务行业是年轻的行业,物业管理从表面上看是指人对于物业设备设施相关事务的管理,但实质上是人与人之间的服务的传递。任何物业服务企业对于客户的诉求,都应该保持以人为本的服务理念。在中小型物业服务企业内部管理中,应该强调人在物业服务中的重要性,对内部员工贯彻以人为本的管理理念,这样企业才能拥有强大的凝

聚力,从而进一步在内部实现核心竞争力的增长。同时,围绕中小型物业服务企业的业务范围和客户需求,并进一步挖掘,寻求物业服务企业核心竞争力的发挥。

(三)探讨中小型物业服务企业核心竞争力培养的途径

对于以居住类物业服务项目为主的中小型物业服务企业,在住宅类物业服务市场中特别是高端住宅市场,面临着大型物业服务企业激烈的竞争,中小型物业服务企业承担了极大的经营风险。在这种情况下,中小型物业服务企业应当转变发展策略,开拓多种类型的物业服务市场,与大型物业服务企业错位竞争。除目标市场调整外,物业服务企业还可通过改进服务模式提升核心竞争力;通过加强人力资源开发,形成以人才为核心的竞争力;通过运用现代信息技术改进物业服务设备和工具,形成以现代服务设备为基础的核心竞争力。总之,各个物业服务企业拥有不同的资源和条件,面临着不同的外部环境,物业服务企业应结合内外部条件,充分整合资源,形成独具特色的核心竞争力。

第四节　顾客感知价值理论

一、顾客感知价值理论概述

顾客感知价值是顾客在感知到产品或服务的利益之后,减去其在获取产品或服务时所付出的成本,从而得到对产品或服务效用的主观评价。[37]一般来说,顾客感知价值理论的主要内容涉及感知价值中的收益,包括显著的内部特性、外部特性和感知质量等;感知价值中的付出,包括货币成本和非货币成本。外部特性能够在一定程度上取代顾客在收益与成本之间费神的权衡,价值感性认识依赖于顾客进行评估的参照系统。顾客感知价值理论可以帮助管理者分析竞争对手、培养资源整合能力、识别客户感知价值及其领域等。

二、顾客感知价值理论研究进展

(一)国外相关研究

顾客感知价值理论最早可追溯至 1954 年德鲁克在《管理实践》中提出的观点:顾客购买和消费的不是产品,而是价值。Porter 在《竞争优势》中提出"买方价值链"概念,为后续研究奠定了理论基础;Zeithaml 从顾客心理的角度提出顾客感知价值的概念,并分析了顾客感知价值理论研究的理论要点[38];Monroe 将顾客感知价值定义为"感知利得与感知利失之间的比例",并解释了相关名词的概念;Ravald 和 Gronroos 从关系营销角度认为顾客感知价值是在公司提供物的核心价值之上以要素附加价值作正向或者负向调整的结果[39];Woodruff 认为顾客感知价值是指顾客在一定的使用环境中对产品性能、产品属性的表现以及使用结果达成或阻碍其购买意图的感知偏好评价[40];Flint 认为顾客感知价值是顾客对放弃的特性与期望特性的一种权衡比较[41];Chen 和 Dubinsky 将顾客感知价值定义为顾客所获得的净利益减去为获得所需利益而付出的成本[42];Tobias 等认为消费者对于产品的预期感知利益只有在高于其感知成本的预判之上时才会进行消费。

(二)国内相关研究

顾客感知价值理论自 20 世纪末引入我国以来,许多学者结合我国实际开展了卓有成效的研究。董大海认为顾客价值就是顾客在购买和使用某产品过程中所获得效用与所付出成本的比较[43];白长虹指出顾客感知价值是顾客基于其所得和付出而对产品或服务效用的总体评价[44];武永红和范秀成认为顾客感知价值是顾客感知到在满足其需求过程中能够得到的各种利益和付出进行权衡后形成的总体性评价[45]；成海清和李敏强认为顾客感知价值是指顾客对企业及其产品的存在、作用和变化，与顾客需要相适应、相一致或相接近程度的感知和评价[46]；杨毅通过实证研究认为互联网时代的客户感知价值分为结果性、程序性和情感性[47]。

三、顾客感知价值理论的现实意义

（一）基于员工满意视角探讨中小型物业服务企业转型升级的动因

物业服务行业属于劳动密集型行业，员工素质及其行为对物业服务质量有直接的影响。员工行为研究中以员工满意度相关研究最为成熟，基于感知价值理论对员工价值开展实证研究具有很好的指导意义。在物业服务实践中，以中小型物业服务企业员工为对象的相关应用较为普遍，相关应用的理论基础正是顾客感知价值理论。中小型物业服务企业的物业服务人员作为物业服务主体，基于顾客感知价值理论研究物业服务人员满意度影响因素及其作用机制，对中小型物业服务企业现状展开理论探讨，为深入认识中小型物业服务企业转型升级的动因提供了突破口。

（二）基于客户满意视角探讨中小型物业服务企业转型升级的动因

对于物业服务行业来说，客户感知是对物业服务企业形象最为直接的影响因素，也是衡量物业服务企业发展水平的重要依据。顾客感知理论正是着眼于客户，以客户感知价值为核心的理论研究。物业服务企业的服务质量最终体现在顾客对其提供物业服务的满意程度。在物业服务行业竞争中，客户满意度决定了客户的黏性和忠诚度，也在极大程度上决定了中小型物业服务企业的发展。当前我国多数中小型物业服务企业已经形成较为完善的客户满意度调查制度，中小型物业服务企业可以通过相关数据分析并总结其客户感知存在的问题,为增加客户感知效能、提升企业形象以及加强客户忠诚度提供富有价值的建议。

第五节 全面质量管理理论

一、全面质量管理理论基本内容

20世纪初开始,质量管理观念演变先后经历了检验质量管理阶段和质量统计控制阶段。60年代,质量管理进入全面质量管理阶段。全面质量管理的基本内容主要包括质量标准体系和全面质量管理方法。

(一)质量标准体系

对于我国各类企业而言,质量标准体系主要指国际标准化组织颁布的 ISO 9000 族标准和中国国家技术监督局颁布的 GB/T 10300 系列国家标准。ISO 9000 族标准自 1987 年诞生以来,国际标准化组织先后进行了四轮修改。目前通用的 ISO 9000 族标准主要包括 ISO 9000:2015、ISO 9001:2015、ISO 9004:2009 和 ISO 19011:2011 等标准。GB/T 10300 系列国家标准于 1988 年由国家技术监督局颁布,主要包括使用指南等五个标准。[48]

(二)全面质量管理方法

质量管理方法很多,这里介绍的全面质量管理方法主要包括 PDCA 循环、质量管理三部曲和质量管理十四条。

1. PDCA 循环

PDCA 循环由质量管理专家戴明提出,因而又叫"戴明环"。PDCA 循环将质量管理分为计划(Plan)、执行(Do)、检查(Check)和处理(Action)四个阶段。其中计划阶段又分为分析现状、找出原因、找主要原因和制定措施；执行阶段分为实施计划与措施；检查阶段分为实施结果与目标对比；处理阶段分为对实施结果的总结分析和未解决问题转入下一循环，共计八个步骤。PDCA 循环是一个周而复始、循环上升的过程。

2. 质量管理三部曲

质量管理三部曲是质量大师朱兰提出的，因而又称为"朱兰三部曲"。"朱兰三部曲"包括质量策划、质量控制和质量改进三个步骤。[49]其中质量策划又包括认知质量差距和解决质量差距；质量控制是运用相关理念、方法和技术实现质量管理目标；质量改进是打破原有的质量规划实行进一步的优化。

3. 质量管理十四条

质量管理十四条是戴明针对企业领导提出来的，强调企业领导要改变自己，彻底改变某些观念。质量管理十四条是一种自上而下地开展质量管理的思路。具体内容如下[48]：

(1)持之以恒地改进产品与服务；

(2)采纳新的哲学；

(3)停止依靠大批量的检验来达到质量标准；

(4)废除"价低者得"的做法；

(5)持之以恒地改进生产及服务系统；

(6)建立现代的岗位培训方法；

(7)建立领导力企业管理；

(8)驱除恐惧心理；

(9)打破部门之间的围墙；

(10)取消对员工发出标语训词和告诫；

(11)取消工作标准及数量化的定额；

(12)消除妨碍基层员工工作畅顺的因素；

（13）鼓励学习和自我提高；

（14）采取行动实现转变。

二、全面质量管理理论研究进展

（一）国外相关研究

1924 年，休哈特现代质量管理理论的提出，标志着质量控制从检验阶段发展到统计过程控制阶段。全面质量管理相关研究的代表人物有戴明、朱兰和菲根堡姆等。

美国质量管理学家戴明在二战期间针对美国人口普查制定了 Demin-Stephan 算法，20 世纪 50 年代又在日本提出"戴明环"，随后针对美国企业领导提出质量管理十四条，对质量领域产生了巨大的影响。朱兰的代表作是《生产问题的统计方法应用》和《朱兰质量手册》，他晚年提出的"质量三部曲"为他赢得了国际声望。菲根堡姆提出全面质量管理理论（TQM），将质量控制扩展到产品寿命循环的全过程，强调全体员工都要参与质量控制。日本质量大师田口玄一在 1970 年提出的田口质量理论，认为产品质量首先是设计出来的，其次才是制造出来的。[50]因此，质量控制的重点应放在设计阶段。

（二）国内相关研究

20 世纪末，全面质量管理思想引起国内学术界的关注，初期主要应用在图书情报领域[51]，后来逐步拓展到商业银行[52]、高等教育[53]、电子商务[54]及公共管理领域[55]。除应用研究之外，毛春元针对 ISO 9000 中存在的问题提出挽救措施，强调在全面质量管理中应该重视统计技术的应用[56]；常金玲提出一种基于 PDCA 信息系统的全面质量管理模型[57]；宋永涛等基于复杂动态系统建立了全面质量管理动态系统的演化模型[58]；何桢、文东华和张颖等分别结合不同的应用情景运用计量分析方法研究全面质量管理影响因素及其作用机制[59-61]。

三、全面质量管理理论的现实意义

（一）为中小型物业服务企业质量管理提供理论基础

对于中小型物业服务企业而言，全面质量管理理论有利于为物业服务企业树立明确的发展目标。加强物业服务质量管理，将改变传统物业服务行业一些惯有的做法，清除物业服务行业向现代物业服务转型升级的阻碍。对于中小型物业服务企业而言，其核心工作便是为客户提供优质的物业服务。全面质量管理的意义在于对物业服务过程的监测与管理，结合服务环境制定措施促进物业服务质量的改善。中小型物业服务企业追求高质量的物业服务，就必须建立物业服务的全面质量管理体系，以此来强化企业对物业服务过程的管理，这将是中小型物业服务企业在转型升级道路上平稳发展的有效途径。

（二）为中小型物业服务企业经营管理提供方法参考

随着人们生活质量的不断提高，客户对物业服务企业服务品质的关注度在不断上升，对中小型物业服务企业提出了更高的要求。客户如何及时获得完善、周到、多样化的服务，中小型物业服务企业如何满足客户高标准、多变化、快速扩张的服务需求，已成为衡量高品质物业服务项目的重要标准。建立完善的品质管理系统，有助于降低管理成本，完善客户关系管理，提升物业服务质量。全面质量管理理论具有丰富的方法体系，中小型物业服务企业可结合物业服务实际，基于全面质量管理理论选择合适的方法，推进物业服务质量的改进。

第三章 传统物业服务之"四保"模式

第一节 "四保"模式概述

传统物业服务"四保"模式包括保洁、保绿、保修和保安。保洁是指针对不同区域的保洁工作,制定各不相同的详尽计划与具体清洁指标;保绿是指确保绿化植被正常生长,确保绿化环境优美、舒适和安全;保修指的是为了维护和改善物业设备设施使用功能,确保公共区域设备设施日常运行,并延长物业使用年限而采取的各种维修保养活动;保安则是通过日常工作措施与行为,降低或杜绝所管辖范围内人员和财产受到伤害,并且维护物业服务企业管理范围内正常的工作和生活秩序。

传统物业服务"四保"模式是传统物业服务行业运行的基本要求,传统物业服务企业根据"四保"要求在各项业务规范操作的基础上开展业务。传统物业服务"四保"模式的保洁、保绿、保修和保安四项基本业务职能之间相互联系,构成一个整体。四者之间的逻辑结构如图3-1所示。

传统物业服务"四保"模式是各物业服务企业正常运行的准则。对于传统物业服务企业而言,"四保"模式实际上是评判物业服务企业综合业务水平的重要标准。因此,传统物业服务企业按照"四保"模式开展各项业务。随着物业服务行业的发展,转型升级成为行业发展的基本要求。满足客户基本需求、设置增值服务项目和推进智慧服务应用等各方面的工作应以"四保"为基础,因而传统物业服务"四保"模式成为现代物业服务的基石。

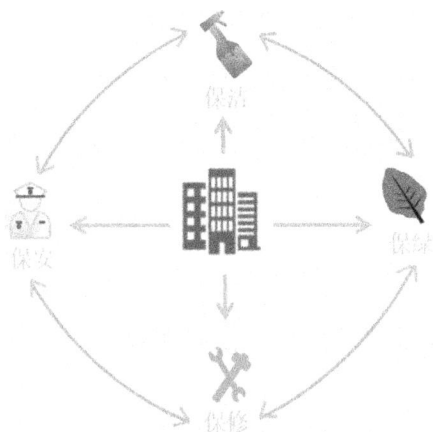

图 3-1　传统物业服务"四保"模式逻辑结构

第二节　保洁:环境卫生服务

一、环境卫生服务的重要性

环境卫生服务是保持人居环境干净整洁的基本要求,也是物业服务最为基本的职能。做好环境卫生对物业服务具有重要的意义。

(一)保持客户日常生活身心舒适的要求

整洁的环境给人们带来直接的视觉感受以及心灵上的舒适感。做好环境卫生可以保障客户的身心健康,提升客户的幸福指数。同时,环境卫生也是文明社区建设的重要方面,体现了物业的服务水平。

(二)维持物业设备设施正常功能的要求

许多物业设备设施的正常运行离不开定期的保洁服务。通过定期的清洁保养,可以延迟和减缓物业设备设施表面的自然老化及磨损,延长地面、墙面、沟渠和管道等再装修翻新的周期,达到物业环境既经济又美观的要求。

(三)衡量物业服务质量管理水平的要求

判断一家物业服务企业服务质量管理水平高低,最直观的感受便是映入眼帘的保洁状况。可以说,物业服务企业在环境卫生方面的建设和建设好物业服务企业的门面一样重要。环境卫生在物业服务质量管理中的重要性不言而喻。

二、传统物业环境卫生服务的主要范围

传统物业环境卫生服务工作主要是根据物业服务企业指定的各项规章制度进行日常保洁工作。保洁部按照各项目特点拟好保洁时间表,报物业服务中心批准后,严格按照该时间表执行清洁工作制度。保洁工作要求员工坚守岗位,掌握保洁用品、用具的使用方法,及时汇报突发事件。针对不同区域的保洁工作,保洁部通常会制定具有针对性的详尽计划与具体清洁指标,日常清洁区域包括地面、墙壁、窗户、门廊及垃圾堆等各方面的保洁工作。物业环境卫生服务的主要范围可通过保洁主管和保洁员的工作职责体现。星河物业日常保洁情景如图 3-2 所示。

(一)保洁主管的岗位职责

(1)负责组织保洁人员对所管辖区域进行卫生保洁(台阶、卫生间、走道、大堂、楼梯间、电梯、地下室公共区)工作。

(2)负责编制物业服务区域内清洁工作计划,并及时跟踪、落实。

(3)每天督促、检查保洁人员的工作质量,保证每天巡视、记录。

(4)做好保洁人员的岗位培训工作,保证保洁队伍的相对稳定性。

(5)负责安排、分配保洁人员的日常工作范围。

(6)编制保洁用品购置计划及分配工作,并检查保洁用品的正确使用。

(7)安排节假日保洁人员的值班工作。

(8)负责本岗位环境体系的实施。

(9)做好本部门的环境因素识别、登记,并参与重要环境因素评价工作。

(10)负责保存本部门的环境管理记录。

图 3-2 星河物业日常保洁情景

(二)保洁员的岗位职责

(1)遵守本项目的各项规章制度,认真负责地完成本职工作。

(2)着装整齐,言行举止规范,不得在上班时间从事与工作无关的事情,不得私自离岗。

(3)熟悉服务区域的情况,掌握清洁工作必需的业务知识和技能。

(4)熟悉本区域内的清洁卫生情况,全面负责本人所服务区域的保洁工作。

(5)每日按照保洁质量工作标准对所属区域进行循环保洁。

(6)负责保洁过程中相关"安全提示"的工作。

(7)负责对所属区域内的废品和杂物进行清理,并按要求统一堆放至指定地点。

(8)负责保洁用具的清洗与保管,爱护各种保洁用具,节约使用保洁原材料。

(9)积极参加业务培训,提高业务水平和个人素质。

(10)遵守各项规章制度,及时完成上级领导布置的工作。

三、中小型物业服务企业环境卫生服务面临的挑战

(一)保洁人员文化素质偏低

随着环境卫生服务工具机械化的发展,对保洁人员素质要求越来越高。中小型物业服务企业中,保洁人员总体上文化素质较低,同时存在工资待遇差、地位较低的问题。[20]物业保洁人员给大众形成了"清洁大叔""清洁大妈"的固化印象,难以吸引年轻力量的加入其中,以中小型物业服务企业最为典型。长此以往,不利于物业保洁队伍建设的可持续发展。

(二)服务手段科技含量不高

保洁工作科技含量低,技术性工作不能及时解决。传统物业保洁工作科技含量较低,大部分保洁工作停留在人力清洁阶段,清洁工作采用的工具局限于"拖把+水桶",物业保洁的机械化水平普遍较低。这就导致日常清洁工作如高空清洁、大面积的清洗以及地板打蜡等技术含量较高的保洁工作不能得到有效开展,从而限制了中小型物业服务企业服务质量的提升。

(三)企业经营成本压力增大

随着我国近年来工资水平的普遍上涨,作为具有劳动密集型特征的物业服务企业人力成本不断提高。[20]物业保洁部门向来是员工最多的部门之一,员工人数多,加之近年来有关保障劳动者权益的政策持续出台,最低工资标准不断上调,从而使得物业服务企业利润空间不断被压缩。同时,物业费上涨面临着物业服务项目被解除委托合同的风险。以星河物业为例,经实地调研得知,自创办以来,星河物业承接物业服务项目的物业费几乎没有上涨过,从而导致其在早期承接的物业服务项目利润微乎其微,甚至出现亏本的现象。

第三节 保绿:园区绿化服务

一、园区绿化服务的重要性

园区绿化服务与环境卫生关联度较高,因而物业服务实践中,有些物业服务企业将二者合并成一个部门——绿化保洁部。良好的绿化环境可以改善客户的工作生活环境,促进城市生态环境的优化,树立物业服务企业良好的形象,使得经济效益、社会效益和环境效益相互统一。具体来说,良好的园区绿化服务有以下作用。

(一)绿化可以有效减弱噪声的影响

城市噪声对人们的生活和工作往往会产生不利的影响,使用乔灌木设计的园区绿化是城市绿化的重要组成部分,可以有效降低噪声的影响。对于物业服务项目而言,园区绿化是城市绿化体系的重要组成部分,是对物业使用人降低噪声影响的最后一道屏障,对改善环境有着直接的作用。

(二)绿化可以发挥明显的除尘作用

当空气中携带尘埃进入树林后,多半被植物所阻挡。研究表明,在园区道路与房屋之间种植绿化带,减尘率可以达到40%以上,而绿化小区比非绿化小区的含尘量少50%。物业服务中,要特别重视园区与城市道路或工业区之间绿化带的除尘作用,为物业使用人营造良好的空气环境。

(三)绿化可以营造良好的人文氛围

良好的园区绿化是物质环境的重要组成,能够构建良好的工作生活氛围。绿化不仅有净化空气、丰富景观的作用,同时也是居民的交往空间和活动场所[62],使邻里的交往互动氛围更好,打破城市生活中"邻里老死不相往来"的局面,给城市居民之间增添一份温暖。

二、传统物业园区绿化服务的主要范围

传统物业中园区绿化服务工作主要包括对园区公共区域植被采取除草、修剪、浇水、松土和施肥等养护管理措施,确保绿化环境优美、舒适和安全,实现物业保值增值。日常绿化工作任务大致可以分为两个方面:绿化部主管负责园区绿化工作的组织实施及对园丁日常工作的监督指导;园丁具体负责绿化的日常管理与养护。物业园区绿化服务主要通过绿化主管和园丁的职责体现。星河物业部分服务项目住宅区绿化情景如图 3-3 所示。

(一)绿化主管岗位职责

(1)负责组织绿化人员对所管辖区域进行绿化养护。

(2)负责编制物业服务区域内绿化工作计划,并及时跟踪、落实。

(3)定期督促、检查绿化人员的工作质量,保证定期巡视、记录。

(4)负责安排、分配绿化人员的日常工作范围。

(5)编制绿化用品购置计划及分配工作,并检查绿化用品的正确使用。

(6)安排节假日绿化人员的值班工作。

图 3-3　星河物业服务项目住宅区绿化

（7）负责本部门岗位体系的实施。

（8）做好本部门的环境因素识别、登记，并参与重要环境因素评价工作。

（9）负责保存本部门的环境管理记录。

（10）完成上级临时交办的其他事务。

（二）园丁岗位职责

（1）草坪的日常管理：草坪分级标准、浇水、草坪改良、草坪施肥、剪草、杂草控制、防治、打孔与疏草。

（2）乔灌木养护作业：乔木修剪、灌木修剪、乔灌木施肥、病虫害防治、乔灌木养护注意事项。

（3）植物病虫害防治作业：植物病虫害防治计划的制订、确定植物病虫害防治的原则、植物病虫害防治的方法、植物病虫害的识别和防治、农药的使用、植物病虫害防治要求、植物病虫害的防治记录。

（4）绿化灾害预防作业：自然灾害预防计划的制订、旱灾及预防、水灾及预防、风灾及预防、滑坡及预防、冻害及预防、灾害预防记录及资料保管。

（5）绿摆服务采用采购形式：由供方做好日常养护与管理、物业服务中心做好日常监督，以及对不合格的绿摆的督促整改。

（6）绿化养护标准：绿化带无明显的垃圾杂物。

（7）枯枝落叶能及时清理。

（8）植物搭配合理，乔、灌、花、草齐全。

（9）绿化较充分，无裸露土地。

（10）树木生长正常，树冠完整、美观、通风透光，修剪及时，无死树和明显枯枝死杈。

（11）被啃咬的叶片最严重的每株在10%以下。

（12）树木缺株在4%以下。

（13）绿篱造型、叶色正常，无死株和干枯枝，修剪及时，病株率小于2％。

（14）草坪覆盖率大于90％，无明显杂草，无杂树，无堆物堆料、搭棚。

（15）设施基本完好，无明显人为损坏。

三、中小型物业服务企业园区绿化服务面临的挑战

（一）物业服务企业存在消极管理绿化的动机

园林绿化服务是多数中小型物业服务企业成本支出的主要组成部分之一。绿化不能够为物业服务企业带来直接的效益，在成本压力下可能减少对绿化的投入，中小型物业服务企业具有消极对待的动机，结果导致在管项目公共区域绿化质量下降。等到绿化产生可视化的不良结果后，为时已晚。物业服务项目丧失了优美、清新的生活环境[62]，客户因此心生不满，直接影响客户对企业的印象，对物业服务人员的管理能力产生怀疑，从而不利于中小型物业服务企业的长远发展。

（二）客户缺乏监督园区绿化的能力和积极性

客户缺乏对于作为公共区域园林绿化监督者的能力，从而不利于园区绿化服务的改进。在星河物业实地考察的过程中，我们发现许多客户对园区绿化服务的保护意识不够高，环保意识薄弱，踩踏草坪、随地丢垃圾、乱摘花草的现象时有发生。此类现象在老旧住宅区尤为严重，这些不良行为严重影响园区绿化工作的开展。被破坏的绿化植被在短时间内又很难得到恢复，导致绿化成本居高不下。由于客户对公共区域园区绿化质量不敏感，如果物业服务企业的园区绿化服务不到位，也就缺少来自客户的监督，从而导致绿化服务质量的整体下降。[62]

第四节　保修:设备设施服务

一、设备设施服务的基本功能

物业保修是指物业设备设施的维修保养服务,贯穿物业服务的整个过程。由于人为和自然损坏,物业设备设施的正常使用有赖于工程人员的日常维护。做好物业维修保养工作可以维持物业服务设备设施的正常运行,方便客户工作和生活。具体地说,物业设备设施服务功能包括以下几点。

(一)维持物业设备设施的正常使用

物业设备设施是附属于房屋的各类设备设施的总和,具体包括给排水及卫生设备,电梯、照明及强弱电电气设备,供暖、空调、通风系统,燃气灶、表、管道及管网设备。物业设备设施涉及面广,由于自然或者人为原因出现故障及损害的频率高,往往直接影响客户的正常使用。物业服务人员对物业设备设施的日常维护和维修是物业的基本职能。[20]根据客户维修需求以及在日常巡检中发现的问题,开展物业设备设施维修维护服务,是保证客户正常使用物业设备设施的基本要求。

(二)延长物业设备设施的使用寿命

从物业设备设施投入使用开始,直至物理磨损不能正常使用为止,就是物业设备设施的使用寿命。不同物业设备设施的使用寿命各不相同,即使是同一种物业设备设施的使用寿命也存在差异。物业设备设施出现故障损坏在所难免,通过合理的物业设备设施维护,科学地开展物业设备设施的规划、设计、保养和维修工作,可以有效提升其使用寿命。同时,良好的物业设备设施服务能够最大限度地发挥物业设备设施在其生命周期中的使用价值。

(三)提升客户的物业服务价值体验

物业设备设施可以提升客户的物业服务价值体验。良好的物业设备设施服务强调物业设备设施的全过程管理,其中各类维修服务与客户使用体验直接相关。[63]但是,要全面提升客户的物业服务价值体验,不能局限于维修环节,物业设备设施初始规划、设计和保养都会影响客户的价值体验。只有通过对物业设备设施的全过程管理,才能保证其高质量运转,全面提升客户的物业服务价值体验。

二、传统物业设备设施服务的主要范围

传统物业设备设施服务要求定期对物业公共区域进行巡视检查,发现问题及时解决。物业设备设施服务主要包括:保证公共设备设施的正常运行,对公共区域和客户房间的设施进行维修保养,各类设备房要保持整洁、通风,无跑、冒、滴和鼠害现象,有人身安全隐患的地方要有警示标志及防范措施,消防设备设施完好、消防通道顺畅,相关记录要完整。物业设备设施服务的主要范围主要通过工程主管和工程人员的工作职责体现。

(一)工程主管的岗位职责

(1)熟悉行业相关法律法规、公司的相关规章制度。

(2)熟悉本项目基本概况,以及本区域公用部位、共用设备设施的功能、数量、位置等。

(3)熟悉所属部门的人员配置情况、员工岗位职责、工作标准、工作流程等。

(4)负责所属部门员工工作区域划分、工作任务分配。

(5)针对不同现场状态,合理调配人员,保障工作的完成。

(6)负责对所属部门员工的考评工作。

(7)根据项目工作方案,细化所属部门的工作计划、服务标准,并在日常工作中组织落实与监督检查,对检查的不合格项内容进行整改、纠正。

(8)负责所属部门的工作例会。

(9)负责定期组织所属部门人员进行业务培训和现场指导工作。

(10)负责物业服务区域内设备设施的维修保养、督导和管理,以及设备房整体运行情况的检查与监督。

(11)负责物业服务区域内各项报修问题的跟踪与记录。

(12)负责与设备维保单位的联系、协调及监管工作。

(13)负责工程部的零部件出入库的统计与管理。

(14)配合其他部门完成相关工作。

(15)积极完成领导交办的其他任务。

(二)工程人员的工作职责

(1)负责本物业区域的一些具体维修工作。

(2)熟悉物业管理区域内共用配套设备设施的种类、分布。

(3)掌握各类线路的分布、走向、位置以及维修保养的方法。

(4)需要经常进行巡视,发现公用设施有损坏、隐患或者其他异常情况,应及时给予维修,保证公共配套的设备和设施正常运行。

(5)对出现的设备问题要积极进行抢修,分析事故原因,做好记录。

(6)积极参与岗位培训,刻苦钻研专业技术,不断提高工作水准,做好节能节材工作。

三、中小型物业服务企业设备设施服务面临的挑战

(一)传统报修方式导致维修工作效率低下

传统物业服务企业采用电话报修、填报修单,报修难从而导致了统计难、

管理难,维修工作难以满足客户需求。[20]在很多中小型物业服务企业中,对于客户而言,物业报修成为一大难题,使得客户服务体验差,从而严重影响了物业服务企业的形象。对于中小型物业服务企业而言,管理成本高、执行效率低,常常是有苦难言,辛苦的付出得不到客户的理解。

(二)低水平的信息化无助于保修工作开展

随着物联网的发展,许多中小型物业服务企业逐渐意识到传统报修方式的弊端,开始使用线上报修。部分中小型物业服务企业由于匆忙上马信息化项目,管理信息系统开发技术不成熟,系统操作流程烦琐复杂,后台常常处于崩溃状态,客户的负面评价日积月累,给维修人员带来的工作压力不减反增,从而阻碍了线上报修工作的开展。

(三)缺乏系统化管理不利于保修水平的提升

在物业保修环节中,系统性管理对物业设备设施服务整体效率的提高至关重要。物业设备设施服务是一项系统工程,如果不注重日常巡查和保养,急修和零星维修的频率会大幅度增加,从而使得物业设备设施服务工作陷入被动。在具体的物业设备设施服务工作中,保修员系统化管理对于改进中小型物业服务企业竞争力尤为重要。操作规范,能有效地完成保修任务,并实现物业设备设施的长期高质量运行。

第五节 保安:秩序维护服务

一、秩序维护服务的基本功能

保安是人们对物业秩序维护员的习惯性称呼,但保安和物业秩序维护员之间存在法律适用的差异,前者适用于《保安服务管理条例》,后者适用于

《物业管理条例》。考虑到人们的习惯,本书对保安和秩序维护员不做严格区分。星河物业日常秩序维护工作情景如图 3-4 所示。

图 3-4　星河物业秩序维护服务情景

(一)秩序维护工作是客户人身安全的保障

物业服务实践中与客户人身安全密切相关的问题主要来自治安、消防、车辆和电梯等方面。一旦发生危机,客户人身安全面临威胁,需要秩序维护员专业地介入。秩序维护员可以有效弥补公安和消防等公共力量对园区服务能力的不足,从而发挥客户安全紧急救援作用。园区治安事件会造成客户的惶恐,秩序维护工作应极力避免治安事件的出现。物业保安对进出车辆进行登记和巡查,对消防设施进行定期检修维护,当电梯出现故障时能够第一时间赶赴现场并开展紧急救援,从而保证客户的人身安全。

(二)秩序维护工作是客户财产安全的保障

物业服务实践中,与客户财产安全密切相关的问题主要来自偷盗和火灾两个方面。当人为和自然灾害的事故发生时,特别是对于不可抗力因素的出现,预防和应急工作的有效开展有赖于秩序维护员的专业保障。当上述问题出现时,秩序维护员的及时介入固然重要,但毕竟属于亡羊补牢。高水平的物业秩序维护工作是要加强全面的定期巡查和维护,避免紧急情况的发生,通过规范的演练,一旦发生险情,物业秩序维护员能够第一时间有效介入。

(三)秩序维护员承担着文明社区建设的重任

秩序维护员不仅承担物业园区内部,还承担园区各进出口、园区围墙周边可能影响客户区域的秩序维护工作。在现代社区治理理念影响下,相关政策法规将物业秩序维护纳入社区文明建设的范畴。因此,秩序维护员的行为代表了物业服务企业的公共形象。所在社区出现突发事件能在第一时间提供救助和保护,会使社区更人性化,能为共同建立文明社区做出应有的贡献。

二、传统物业秩序维护服务的主要内容

传统秩序维护服务工作内容主要包括维护所负责区域的秩序以及治安,负责各个进出口的警戒工作,负责非正常出入时间出入者的记录工作,负责物品保管、巡逻检查,负责各项安全疏导的管理工作,负责消防安全管理工作,制定实施防火安全细则等工作。秩序维护具体工作可通过下面星河物业秩序维护部门主管、安防员和消控岗等典型岗位的工作职责体现。

(一)主管工作职责

(1)遵纪守法,遵守公司各项规章制度。

(2)根据员工守则要求,规范个人仪容仪表、言行举止。

(3)负责本项目的秩序维护、消防管理、车辆管理、安全生产管理等工作。

（4）负责本部门工作计划、服务标准等方案的细化工作并执行、落实。

（5）负责本部门员工服务区域划分及任务分配。

（6）负责对本部门员工进行日检、周检的监督、检查及考评工作，对不合格内容进行整改、纠正。

（7）负责本部门的工作例会、业务培训、应急演练和现场指导工作。

（8）负责车库、停车场外包服务的监管。

（9）负责对安防维护服务的投诉处理工作，并进行跟踪处理。

（10）负责协助项目经理对应急事件的处置。

（11）负责本部门相关资料的接管、建立和管理工作。

（12）参加业务培训，学习并掌握必需的业务知识和操作技能。

（13）配合其他部门的工作，完成领导交办的其他工作任务。

（二）安防员工作职责

（1）遵纪守法，遵守公司各项规章制度。

（2）根据员工守则要求，规范个人仪容仪表、言行举止。

（3）根据岗位作业流程、服务要求以及分工情况，负责服务区域内的人员、物品、车辆出入的查看、问询、登记工作。

（4）根据岗位作业流程、服务标准以及分工情况，负责服务区域内公共秩序、消防隐患、安全隐患、安全死角的巡查工作。

（5）发现异常及时处置，不能处置的，及时报上级领导。

（6）负责对现场发现的不文明行为、现象进行劝阻，对违法行为进行报告。

（7）协助直属上级处理突发应急事件。

（8）协助服务区域内的环境维护工作。

（9）参加业务培训，学习并掌握工作必需的业务知识和业务技能。

（10）配合相关部门工作。

（三）消控岗工作职责

（1）遵纪守法，遵守公司各项规章制度。

（2）根据员工守则要求，规范个人仪容仪表、言行举止。

（3）严格执行监控值班室（消防中控室）的管理制度与交接班制度。

（4）按照相关要求，熟悉物业管理区域的基本概况，熟悉区域内各个通道、设备房、重点安防区域、消防区域等。

（5）熟练掌握监控、消控的相关设备设施，严格执行操作规程，确保系统的运行，监控录像资料保存期限不少于 30 天。

（6）除上级领导和本岗位人员外，禁止任何人进入值班室（公司检查人员及维修人员须出示相关证件或在物业服务中心管理员陪同下，方可进入）。

（7）值勤期间，时刻关注设备设施的运行情况，发现异常立即进行处置；不能处置的或超出范围的，立即报告主管处理。

（8）在交接班时，必须对消控主机进行自检，并将检查结果如实记录。必须对所有的探头画面进行检查，并做好记录。

（9）做好值班室的卫生工作，地面整洁，无污渍，无灰尘，无杂物放置；墙、天花板无明显污渍、蛛网等。

（10）爱护监控设备，每天做好设备的日常保洁工作，确保设备表面用白纸擦拭无污渍灰尘。

三、中小型物业服务企业秩序维护服务面临的挑战

（一）繁杂的秩序维护服务面临着减员增效的压力

秩序维护工作烦琐、任务类型繁多，传统秩序维护工作大部分还是依靠人工来完成，包括所负责区域的车辆进出，禁止无关人员进出园区，如有特殊情况必须经登记才能入内。秩序维护部门往往是传统物业服务企业中人员

最多的职能部门之一,在人员工资持续上涨、物业服务经营成本居高不下的条件下,传统秩序维护工作面临着挑战。[20]其中以中小型物业服务企业最为典型。如何减员增效是传统物业秩序维护工作面临的关键问题之一。

(二)传统物业的秩序维护服务面临着信息化装备压力

传统物业秩序维护服务压力大,秩序维护服务工作科技含量不高,作为物业服务基本职能的有效性受到普通客户的质疑。[20]在楼层多、面积大的住宅区以及高层综合楼宇内,由于客户类型多、数量大,给物业服务秩序维护工作带来很大的压力。人员进出不能得到很好的审核和控制,进出登记也只能通过最原始的纸笔记录,信息的真实性得不到保障,甚至很多秩序维护工作因为技术问题只是流于表面,并没有得到有效实施。久而久之,客户就会对秩序维护工作产生可有可无的印象。

第四章　物业转型升级的动力分析

传统物业向现代物业转型升级的动力来自人和制度的因素,其中人的因素主要通过客户满意度和员工满意度来体现,制度因素主要通过物业服务企业发展目标和思路体现。本书以星河物业为例,分析中小型物业服务企业转型升级的动力。

第一节　满意度影响因素及作用机制

一、客户满意度动态变化分析

客户满意度动态分析主要包括客户满意度调查要素变化和客户总体满意度历史数据分析两个方面。前者是后者的基础,因而在适应物业服务行业发展的同时须保持相对稳定;后者则直接反映了客户对物业服务各分项及总体满意度的变化状况。[63]星河物业客户满意度动态分析结果是分析其转型升级动力机制的基础。

(一)客户满意度调查要素变化情况

为适应物业服务市场中客户需求的变化,星河物业客户满意度调查项目先后三次对客户满意度调查做了调整。2013 年,客户满意度调查增加了客服质量和客服态度两个要素。2016 年,为了适应物业服务行业对秩序维护的规范称呼,将原本的保安变更为秩序维护。2020 年,星河物业针对公建类项目的物业服务需求,在部分公建类项目中新增了综合管理和餐饮服务两个分项。具体客户满意度调查要素变化情况如表 4-1 所示。

表 4-1 星河物业客户满意度调查要素变化

年份	满意度调查要素							
	原有要素						新增要素	
2013	保安	环境卫生	园林绿化	设备设施			客服质量	客服态度
2016	保安	环境卫生	园林绿化	设备设施	客服质量	客服态度	秩序维护	
2020	秩序维护	环境卫生	园林绿化	设备设施	客服质量	客服态度	综合管理	餐饮服务

上述调查要素的调整是星河物业根据市场变化审时度势做出的适应性改变。由于客户偏好和服务项目之间存在交互性,客户群体发生转变的根本原因在于服务项目发生了变更。星河物业 2013—2020 年非住宅项目的增长状况如图 4-1 所示。面对国内物业服务市场的变化,中小型物业服务企业住宅类项目市场特别是高端项目市场面临来自大型物业服务企业的严峻挑战,星河物业需要在市场开拓上进行合理区分并做出重新选择,增大非住宅类项目的市场开拓力度,并构建偏向公建类项目需求的服务体系。

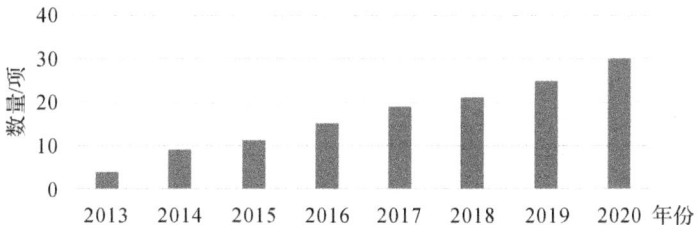

图 4-1 星河物业非住宅项目数量变化

(二)客户总体满意度历史数据分析

通过对星河物业近年来客户满意度调查数据的分析,总体上客户满意度变化幅度不大,各分项和总体满意度大都在 90% 以上,反映了星河物业客户工作的成效。进一步分析可知,客户总体满意度从 2015 年开始呈现稳步上升的态势,而这个过程正好跟星河物业转型升级的时间吻合。这组数据的变化与星河高管的判断存在一定的对应关系。他们认为:传统物业服务模式下客户已经对物业服务形成负面的固化印象,这是导致物业服务行业发展状态停滞不前的基本原因;而转型升级后的星河物业迅速地适应了新的物业服务市场需求。近两年客户满意度增幅较大,各项目物业服务纠纷明显减少。2013—2020 年星河物业客户总体满意度动态变化情况如表 4-2 所示。

表 4-2　2013—2020 年度星河物业服务总体满意度统计

单位:%

年份	客服质量	客服态度	秩序维护(保安)	环境卫生	园林绿化	设备设施维修	其他	总体满意率
2013	95.39	96.11	95.88	91.78	91.47	92.72	92.69	93.72
2014	95.68	96.23	95.32	91.44	91.82	93.11	94.39	94.00
2015	92.25	93.05	93.05	91.28	87.09	89.86	93.80	91.93
2016	94.20	95.38	93.29	90.50	89.71	92.60	94.11	92.83
2017	93.54	95.81	93.25	91.20	91.28	92.93	91.85	92.84
2018	94.08	94.91	93.42	91.87	92.76	93.16	91.66	93.38
2019	93.32	95.21	93.27	91.70	92.67	92.50	91.80	92.81
2020	96.18	97.51	94.97	94.96	94.19	95.61	96.55	95.87

　　客服质量和客服态度两个要素是衡量客户满意度的重要指标,体现了传统物业服务"四保"模式发生了巨大变化。图 4-2 显示星河物业这两个指标近

年来的动态变化情况。显然,客服质量和客服态度之间存在较高的相关性。

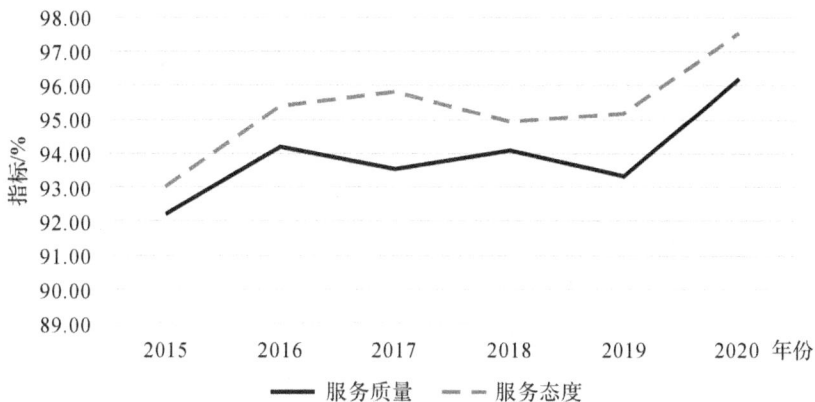

图 4-2 物业服务质量与服务态度变化

二、满意度影响因素及其作用机制

弗里施法则表明,没有员工的满意,就没有顾客的满意。本书分别以客户满意度和员工满意度分析为基础,探讨客户满意度和员工满意度的影响因素及其相互作用机制,总结物业服务主客体行为规律对物业服务企业转型升级的影响。

(一)满意度评价指标体系

运用问卷调查的方式采集数据,探索星河物业员工满意度和客户满意度两个层面分别针对工作和服务感知的关键影响因素,并分析员工满意度对客户满意度的影响机制。结合已有相关理论研究成果和星河物业实际情况分别设计调查问卷,采用李克特五级量表的形式,在保证问卷有效性的前提下控制题量,初步设计问卷初稿。然后,通过对基础数据的描述性分析、因子分析和结构方程模型分析,最后得出最终的客户满意度指标体系和员工满意度指标体系。因而,最终问卷分为员工版和客户版。问卷设计的基础是相关指标体系的构建,下面简单说明员工满意度评价指标体系和客户满意度评价指标体系构建的基本过程。

借鉴已有的研究成果[63],咨询星河物业客户管理专家的意见,分别初步构建客户满意度指标体系和员工满意度指标体系。根据上述指标体系分别设计问卷进行预调查,针对预调查中员工、客户和星河物业管理层的意见,对初步构建的指标体系进行修改,最后确定客户满意度指标体系如表 4-3 所示,员工满意度指标体系如表 4-4 所示。

基于上述指标体系分别修改问卷设计,客户和员工版的问卷如附录三和附录四所示。针对星河物业客户和员工开展线上问卷调查。问卷填答采用匿名形式,由星河物业管理人员分别转发至各项目和客户微信群,员工和客户自由选择答卷,也可不答卷,正式问卷发布时间为一周,管理人员先后在各相关微信群三次提醒客户和员工答卷。最后,回收员工满意度调查有效问卷301 份,客户满意度调查有效问卷 306 份,作为下文数据分析的基础。

表 4-3 客户满意度指标体系

一级指标	二级指标
服务质量	总体服务态度、沟通协调能力、办事效率、解决问题的能力、服务规范性
环境卫生	清洁卫生、绿化养护工作、装修管理
生活配套	生活配套设施的完备程度、基础设施的养护工作
秩序安全	防火防盗、秩序维护工作、消防工作、车辆及交通管理服务
社区文化	文化建设、文化服务、邻里协调
收费服务	收费合理性、收费项目透明化、收费标准与服务水平契合度
综合服务	服务内容的完整性和全面性、服务信息公示、应对突发事件
客户信任度	可信赖水平、选择可能性

表 4-4　员工满意度指标体系

一级指标	二级指标
工作本身	工作岗位、工作量合理性、现阶段压力水平
个人发展	入岗培训机制、晋升制度、技能、能力提升度、工作稳定性
工作环境	后勤保障制度、现阶段办公条件、日常工作时长
工作协作	公司人际关系、工作氛围、受尊重程度、部门内部沟通协作水平
薪酬	公司薪酬激励制度、收入与绩效、工作表现的相关度、加薪机会、薪资水平与同行业对比程度
企业整体	公司整体状况、企业战略前景、公司文化建设、公司奖惩制度
企业管理	上级给予的期望和要求、反馈工作建议的采纳度、与上级的有效沟通程度、公司对于工作和生活的关系程度

(二)满意度的影响因子分析

为降低研究问题的复杂性,通过降维将相关性高的变量聚合在一起,提取员工薪酬、物业服务质量和员工工作情况 3 个主要重塑变量,以减少需要分析的变量个数。针对上述重塑变量和客户满意度、员工满意度共 5 个因子进行验证性因子分析。由表 4-5 可知,共有 5 个因子对应的平均方差萃取(AVE)值全部大于 0.5,且组合信度值(CR)全部高于 0.7,意味着本次分析数据具有良好的聚合效度。

针对上述数据进行方差分析,结果汇总如表 4-6 所示。上述 5 个因子旋转后的方差解释率分别是 32.532%、30.687%、15.444%、2.649%和 2.041%,旋转后累积方差解释率为 83.354%,分析结果再次验证了重塑变量的合理性。

针对区分效度进行分析,结果如表 4-7 所示。其中,客户满意度、员工薪酬、物业服务质量和员工工作情况的 AVE 平方根值分别大于各因子与其他所有因子的相关系数绝对值的最大值,这说明上述各项因子具有良好的区分效度。但是,员工工作情况的 AVE 平方根值为 0.823,小于员工工作情况与所有其他因子间相关系数绝对值的最大值 0.886,意味着其区分效度欠佳。总体而言,基于上述数据分析的各项因子具有较好的区分效度。

表 4-5　AVE 和 CR 指标

影响因子	平均方差萃取 AVE 值	组合信度 CR 值
客户满意度	0.899	0.947
员工满意度	0.726	0.913
员工薪酬	0.801	0.941
物业服务质量	0.791	0.974
员工工作情况	0.678	0.926

表 4-6　星河物业满意度的方差解释率

因子编号	初始特征值			旋转前方差解释率			旋转后方差解释率		
	合计	方差解释率/%	累积/%	特征根	方差解释率/%	累积/%	特征根	方差解释率/%	累积/%
1	9.960	43.304	43.304	9.960	43.304	43.304	7.482	32.532	32.532
2	7.295	31.719	75.023	7.295	31.719	75.023	7.058	30.687	63.219
3	0.928	4.034	79.057	0.928	4.034	79.057	3.552	15.444	78.663
4	0.523	2.273	81.330	0.523	2.273	81.330	0.609	2.649	81.313
5	0.466	2.024	83.354	0.466	2.024	83.354	0.469	2.041	83.354

表 4-7　区分效度指标

项目	客户满意度	员工满意度	员工薪酬	物业服务质量	员工工作情况
客户满意度	0.948				
员工满意度	−0.076	0.852			
员工薪酬	−0.088	0.853	0.895		

项目	客户满意度	员工满意度	员工薪酬	物业服务质量	员工工作情况
物业服务质量	0.921	−0.061	−0.063	0.889	
员工工作情况	−0.081	0.886	0.771	−0.072	0.823

(三)满意度的结构方程模型分析

结构方程模型(SEM)可以测量各因素内部结构及相互之间的关系,也可以测量多个自变量与多个因变量之间的关系。基于上述验证性因子分析结果构建结构方程模型,分析结果如图 4-3 所示。

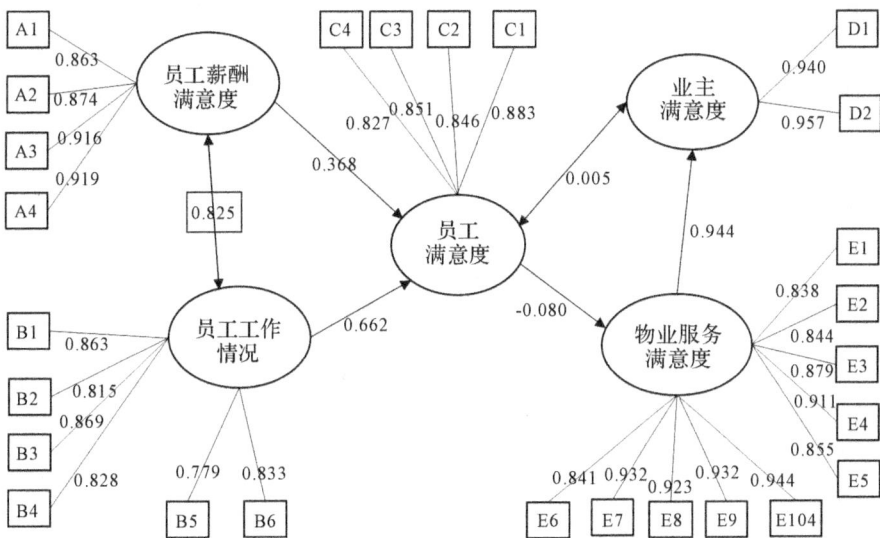

图 4-3 结构方程模型分析结果

上述分析结果的相关指标汇总如表 4-8 所示。其中,卡方自由度比(χ^2/df)为 2.783,意味着模型拟合效果良好,近似误差均方根值为 0.079,均方根误差值为 0.018,同时比较拟合指数、拟合优度指数、不规范拟合指数(NNFI)和 Tucker-Lewis 指数(TLI)值均大于 0.9,并且其余指标均在可接受标准范围内。可见,模型构建良好,分析结果可靠。

表 4-8　模型拟合指标

常用指标	χ^2	df	p	χ^2/df	GFI	RMSEA	RMR	CFI	NFI	NNFI
判断标准	—	—	>0.05	<3	>0.9	<0.10	<0.05	>0.9	>0.9	>0.9
值	706.857	246	0.000	2.873	0.825	0.079	0.018	0.945	0.918	0.938

其他指标	TLI	AGFI	IFI	PGFI	PNFI	SRMR	RMSEA 90%			
判断标准	>0.9	>0.9	>0.9	>0.9	>0.9	<0.1	—			
值	0.938	0.787	0.945	0.677	0.818	0.031	0.072-0.086			

表 4-9 展示潜变量的回归分析结果。其中,因子 4 对于因子 1 的标准化路径系数值为 0.944,且影响显著,意味着因子 4 会对因子 1 产生正向的影响关系。类似的,因子 3 会对因子 2 产生显著的正向影响关系;同时因子 3 会对因子 2 产生显著的正向影响关系。

表 4-9　模型回归系数汇总

X	→	Y	非标准化路径系数	z	SE	p	标准化路径系数
物业服务质量	→	客户满意度	0.966	27.008	0.036	0.000	0.944
员工薪酬	→	员工满意度	0.276	7.478	0.037	0.000	0.369
员工工作情况	→	员工薪酬	0.750	11.528	0.065	0.000	0.662

注:→表示路径影响关系。

(四)满意度词云分析

以星河物业微信群、QQ群以及客户和员工服务端相关的互动空间的语言信息为基础,运用相关分析工具,分别针对客户和员工发表的意见进行词云分析,结果如图 4-4 所示。根据词云图,客户以正面评价为主,关于物业服务意见主要集中在卫生、安保、设备设施等专项物业服务上。员工评价内容集中在薪酬与待遇较低、工作辛苦等方面,这反映了当前中小型物业服务企业员工感知的普遍状况。

图 4-4 物业服务满意度建议词云

第二节 满意度分析结果及问题总结

一、满意度研究结果分析

星河物业客户和员工满意度动态数据反映了该公司在转型升级背景下的总体情况,其内在动力则需对相关影响因素的作用机制来反馈。基于以上客户和员工满意度定性分析结果,可得出以下结论。

（一）员工薪资对员工满意度有显著的正向影响

员工满意度对员工的工作积极性至关重要，从而对物业服务企业经营效率发挥积极的作用。合理的薪资制度可以激励员工尽最大的努力为企业做出贡献，为物业服务企业创造更好的经济效益，从而提升其在物业服务市场的竞争力。

（二）工作情况对员工满意度有显著的正向影响

工作情况主要包括工作环境、工作群体和工作内容等。工作环境良好、工作群体和谐和工作内容适量等都可满足员工身心健康需要，从而更大限度地提高员工满意度和他们的工作效率。

（三）员工满意度对物业服务有显著的正向影响

员工满意度综合反映了员工对企业工作满足其需求的状态。员工满意度可直接影响其工作绩效，进而影响到服务质量。研究结果表明，员工满意度与物业服务质量正相关且具有显著性。

（四）物业服务质量与客户满意度呈正相关关系

客户注重物业服务的有形性、可靠性、安全性、响应性和移情性等，着眼于秩序维护、保洁绿化和设备设施等方面的基础管理。上述研究表明，物业服务质量与客户满意度呈正相关关系，即物业服务质量高的项目，客户满意度较高，反之，物业服务质量低的项目客户满意度也低。

（五）员工满意度与客户满意度之间没有相关性

综合区分效度和结构方程模型分析结果可知，员工满意度与客户满意度之间缺乏相关性。可见，弗里施法则在星河物业客户满意度和员工满意度的现状分析中没有得到证实。当然，这也不能断定员工满意度与客户满意度之间在任何情境下都没有关系。很难想象一家员工充满委屈的物业服务企业可以持续地追求以客户为中心的工作状态。

二、物业服务企业经营问题分析

星河物业在传统物业服务模式中存在亟须解决的问题,为适应转型升级的需要,他们针对相关问题开展了有益的探索。基于上述客户和员工满意度定性分析结果,结合实地访谈和相关理论研究成果[20,63],我国中小型物业服务企业经营普遍存在的问题如下。

(一)企业信息化管理水平低

随着大数据、云计算和人工智能的迅猛发展,传统的物业服务模式已经跟不上时代发展的要求。星河物业的很多老旧住宅因设备设施不完备,存在停车难、门岗安全不到位等问题,物业服务信息化成为星河物业不得不面对的问题。传统物业服务中客户信息、物业服务费和水电气费等数据的收集需要通过电话和人工方式处理,导致信息传递不及时。在秩序维护工作方面,信息化管理除了便捷、利用率高的优点外,更重要的是相比人工操作具有更高效和更安全的特点。物业服务整体性与客户分散性矛盾有赖于物业服务信息化建设来破解。

(二)物业服务质量监督不到位

物业服务质量监督不到位源于物业服务企业缺少物业服务质量意识。物业服务属于专业服务,不能仅仅依靠外部监督。由于客户通常不具备足够的物业服务知识,所以不能仅仅凭借客户满意度对物业服务质量进行评价。许多中小型物业服务企业缺乏物业服务质量意识,以简单的行政管理代替物业服务质量监督,没有从事物业服务质量监督的专业人员,也不设置专门的物业服务质量监督机构,这就影响了物业服务质量水平的提升,不利于中小型物业服务企业的长远发展。

(三)物业服务人员服务意识淡薄

在物业服务引入我国之前,物业服务职能由企事业单位的后勤部门承担,居民小区物业服务职能由公共管理机构履行。因此,早期的物业服务人员以管理者自居,缺少服务意识。此类现象在传统中小型物业服务企业尤为普遍。在物业服务实践中,部分员工服务态度不佳,不熟知服务礼仪,不把客户当作顾客,对于客户的咨询爱理不理,有时甚至将生活中的情绪带到工作当中,更有甚者与顾客发生言语或肢体冲突,导致物业服务企业与客户之间关系的恶化,从而破坏了物业服务企业的社会形象。

(四)物业服务从业人员素质不高

传统物业服务行业属于劳动密集型产业,物业服务企业成本支出主要来自人员工资。调查表明,物业服务企业人员工资占其经营成本的七成左右。因此,为了节省工资支出,许多中小型物业服务企业降低用工门槛,放低招聘要求,从而导致物业服务行业普遍存在员工素质偏低的现象。笔者实地考察过多个物业服务项目,其物业服务人员的文化程度在大专及以上的占比低于20%。此外,许多中小型物业服务企业人力资源开发意识不强,培训体系不健全,现有员工素质难以适应物业服务转型升级发展的要求。

(五)物业服务专业化程度较低

在传统的物业服务行业中,物业服务企业主要提供维修、保洁、保安和绿化等基本服务。随着社会经济的发展,传统物业服务职能已经不能满足当前的客户需求。现代服务业背景下物业服务专业化已经成为必然的趋势,传统物业服务模式所提供的服务项目难以应对各类复杂问题。物业服务转型升级对物业服务机械化、网络化和智能化提出了更高的要求,同时对物业服务人员的素质也提出了更高的要求。中小型物业服务企业普遍存在专业化程度较低的问题,亟须全面深入地整改。

(六)物业服务企业业务范围单一

除传统物业服务"四保"业务外,与物业服务紧密相关的业务还有房屋经纪、O2O电商服务、社区金融、家政服务、养老服务和物资配送等增值性服务。这些服务项目为物业服务企业转型升级提供了契机,对经营水平也有更高的要求,给物业服务企业带来了挑战。因此,很多中小型物业服务企业固守基本物业服务职能,单一的业务范围难以满足客户多层次和多样化的需求,不能适应物业服务企业转型升级发展的要求。

第三节 物业服务企业转型升级发展模式

一、基本目标

所谓转型升级,转型的实质是转变经济发展方式,即主要通过科技进步和创新实践来实现;升级是产业结构不断优化调整、业务单元在产业内不断向附加值较高的价值链环节攀升。物业服务企业转型升级是指传统物业服务企业向现代化和高效化推进的过程。[4]对于物业服务行业来说,一方面,要通过运用现代技术,提升物业管理水平,提高管理效率;另一方面,要通过拓展经营范围,促进物业服务企业经营水平的优化。具体目标分析如下。[20]

(一)增加物业服务业务附加值

物业服务行业利润低、从业人员工资低、难以吸引优秀人才等是由物业服务行业营利能力较低决定的,物业服务行业营利能力低的根源是物业服务业务附加值不高。应借助于物业服务企业转型升级,以满足客户需求为中心,开发客户需求项目,开展多种经营,运用现代信息技术和管理手段,提高物业服务业务的附加值,促进物业服务行业营利能力的提升。

(二)扩大物业服务企业经营规模

当企业经营规模较小时,企业经营无法实现规模经济,这也是导致中小型物业服务企业盈利水平不高的重要原因之一。我国物业服务行业独立发展时间不长,物业服务企业总体上经营规模不大。由于服务项目地理分布上的分散性及降低成本的压力,传统物业服务企业难以对较大数量的服务项目进行管理。在转型升级背景下,物业服务企业一方面可以充分运用互联网对分散的物业服务项目进行集中管理,另一方面可以通过提升物业服务智能化水平,在降低物业服务成本的同时促进物业服务质量的提升。

(三)改变物业服务企业依附性形象

近年中国物业管理协会发布的物业服务企业综合实力多次排行榜中,百强物业服务企业绝大多数属于房地产开发企业的附属企业。在实际业务操作中,物业服务企业通常要承担处理开发商遗留的诸多问题的责任,当物业服务企业亏损时,常常得到房地产开发企业的补贴。而房地产开发企业很多的遗留问题也就顺理成章地推给了物业服务企业。这些物业服务企业依附于房地产开发企业,没有真正独立,不利于物业服务行业的专业化发展。借助于物业服务行业转型升级,物业服务企业应通过市场获得服务项目,结合客户需求开展物业服务,树立独立经营的企业形象。

(四)实现物业服务行业可持续发展

如上文所述,尽管物业服务行业具有重要的社会作用,但当前物业服务行业存在诸多不容忽视的问题:行业服务水平低、行业利润率低、从业人员总体素质差、行业总体形象不好。这些问题严重威胁到物业服务行业发展的可持续性。[4]因此,唯有通过转型升级,提高行业经营水平,改善经营结构,增加经营效益,全面提升社会形象,促进物业服务行业可持续发展。

二、发展模式

近年来,物业服务行业的发展模式,是物业服务实践和理论研究领域的热点。一般认为,"专业化和集成化服务""经营规模化和多元化"及"运用现代技术"[20]是现代物业服务企业的基本属性。本书以上述思想为基础,探讨物业服务企业转型升级发展的新模式。

(一)专业集成化模式

专业集成化模式是指将物业服务中的专业功能分离出来,物业服务企业扮演组织、协调和监督的角色,向服务专业化、集成化的方向发展。在该模式中,专业化与集成化是两个相反的纬度,如图4-5所示。物业服务中的专业功能由专业公司完成,集成的功能由物业服务企业承担。其中专业功能可以外包给专业公司,也可以自行成立专业公司承接这些专业工作,前提是必须遵守市场规则。比如,即使是物业服务企业成立的专业公司,也要跟其他专业公司一样参与市场竞争,获得本物业服务企业的专业功能。物业服务企业将精力集中在项目承接、客户管理、质量监督等方面,向服务专业化的方向发展。

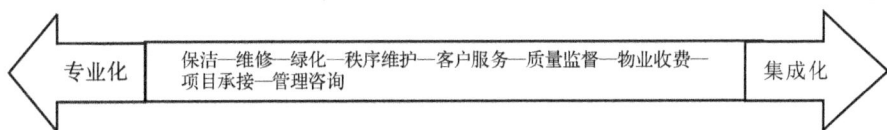

图 4-5 物业服务企业服务功能专业化、集成化示意

该模式的关键在于如何区分专业服务和集成服务功能,根据物业管理的特点,哪些服务交给专业公司,哪些由物业服务企业完成,这取决于物业服务企业的经营环境和经营能力,即是否有符合物业服务企业要求的专业公司及物业服务企业自身的管理战略、经营策略和人员素质如何。

目前,一般将保洁、维修、绿化、秩序维护等委托给专业公司,随着专业服务水平的提高,可以考虑将客户服务、质量监督,甚至物业收费也交由专业公司完成。

(二)多元规模化模式

多元规模化模式是指物业服务企业通过扩展物业服务内容和增加服务项目扩大其经营规模,实现经营效益的增加。该模式包括物业服务内容多元化与物业服务项目规模化两个相对的纬度,如图4-6所示。物业服务内容多元化指依托物业服务项目,除了基本物业服务之外,发展多种经营,增加增值服务内容;物业服务项目规模化是指物业服务企业通过承接服务项目,壮大企业经营规模。最终目标是实现物业服务企业经营效益的增加。

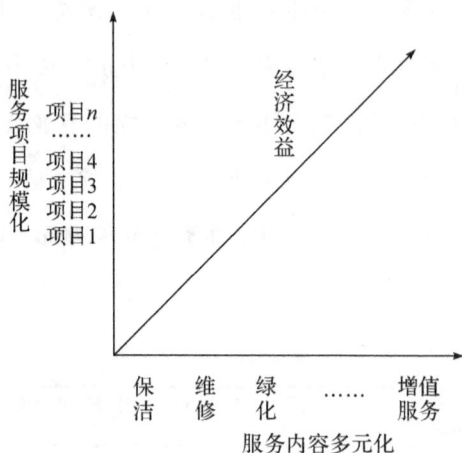

图 4-6　物业服务企业服务功能多元化、规模化示意

该模式的关键在于如何选择服务项目和服务内容,如果选择不当,不仅不能实现经营效益的增加,还可能导致经营效益负增长和内部管理的混乱。在选择物业服务项目时要根据物业服务企业经营战略和业务范围的要求承接新的服务项目,在增加物业服务内容时要综合考虑客户需求及增值能力,

只有按照宁缺毋滥的要求,物业服务企业才能稳步扩大规模,实现经营总效益的增加。

(三)智能网络化模式

智能网络化模式是指物业服务企业运用现代技术,对房屋、消防、安保等设备设施进行自动监控和集中管理,实现对客户信息、报修、收费、综合服务等的计算机网络化管理。该模式智能化与网络化是相互联系又各有侧重的两个纬度,如图 4-7 所示。网络化强调客户、物业服务企业及其内部不同组织之间基于互联网的相互联系,是智能化服务的基础;智能化侧重于物业服务终端设备设施的自动化应用,可以部分代替传统物业管理中的人工。物业服务智能网络化的目标是同时实现降低物业服务成本和提升物业服务质量。

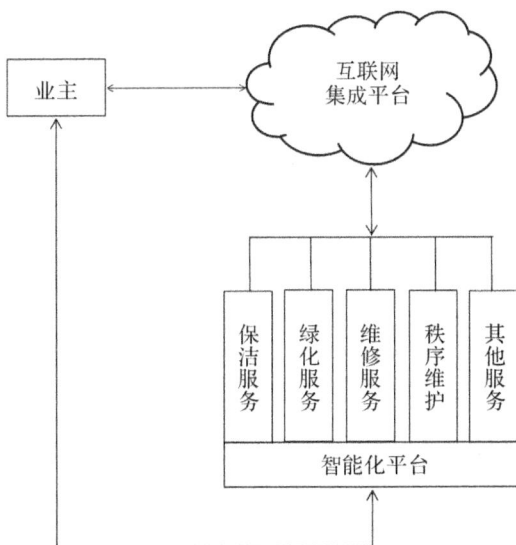

图 4-7 物业服务企业服务功能智能化、网络化示意

该模式的影响因素较多,主要包括房屋智能化设备的配置及选择、网络结构设计、物业服务企业管理水平及其经营规模。房屋智能化设备的配置和

网络结构设计作为网络智能化的技术基础决定了其应用水平,物业服务企业管理水平主要指物业服务企业是否具备相应的人力资源及其管理能力的发挥,合适的经营规模是降低网络智能化管理平均成本的保障。

专业集成化模式旨在寻求提升专业化服务水平,多元规模化模式强调的是规模效益的增加,智能网络化模式是充分运用现代技术,三种模式的共同目标是推进物业服务行业转型升级。因此,实际应用过程中应结合物业服务企业内外环境进行选择,既可以运用其中一种模式,也可将两种或三种模式结合起来应用。

第四节　星河物业转型升级的探索与实践

星河物业自 2015 年开始转型升级的探索和实践,先后引入首问责任制和满意度工程。首问责任制和满意度工程均为服务行业广受欢迎的质量管理制度,在理论研究与实践应用中取得了较好的效果。对星河物业而言,在引入相关管理制度应用的同时也具有创新的举措。

一、首问责任制

首问责任制是针对客户对管理内设机构职责分工和办事程序不了解、不熟悉的实际问题,而采取的一项便民工作制度。采取有问必答、有疑必释的工作方法。首问责任制是服务行业广泛应用的制度,星河物业予以采纳后在其转型升级中这一制度发挥了重要作用。星河物业首问责任制流程如图 4-8 所示,结合物业服务行为实战经验,将具体实施环节说明如下。

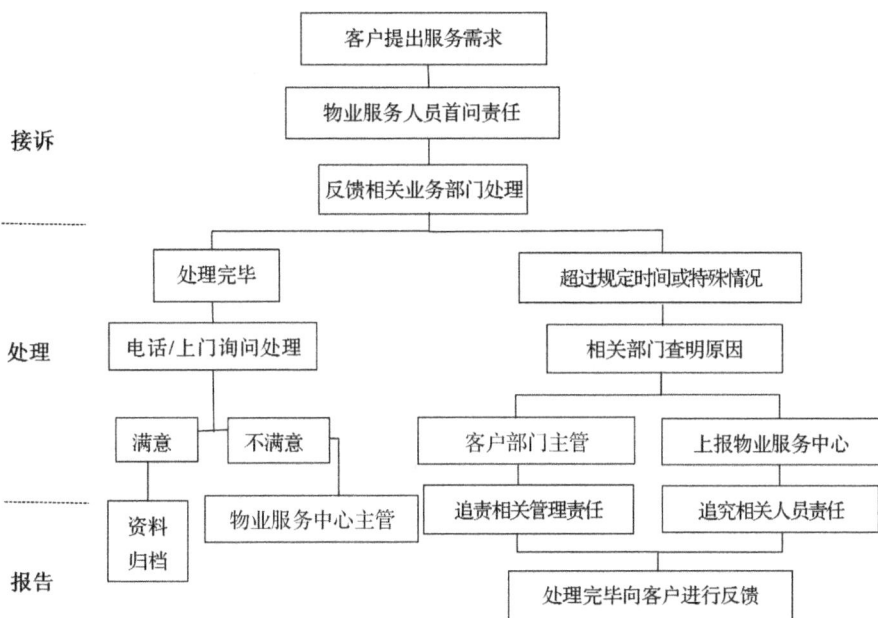

图 4-8 物业服务首问责任制流程

（一）接 诉

（1）物业服务中心工作人员接到客户咨询/投诉（包括电话和现场），接待人应先告知客户自己的工号，并询问有什么可以帮助对方的，在听完内容后重述一遍，告知客户已明悉问题，并将展开调查。

（2）物业服务中心的任何员工在任何时间地点以任何方式首次接到任何咨询/投诉，立即成为首问责任人。

（二）处 理

（1）首问责任人根据物业服务中心制度和有关部门规定，针对实际情况做出果断处理：

①自己能够及时处理，处理完后向上级汇报并做好相应的文字记录；

②自己不能够及时处理，立即向直属上级或相关部门值班人员报告寻求

解决办法,并根据所给的指引做出适当的处理;

③如果首问责任人认为指引模糊不清,可立即向直属上级报告,寻求解决办法;

④紧急情况按照应急时间处理程序进行。

(2)首问责任人出现以下情况要承担过失责任,过失者视情节轻重给予口头、书面警告并扣减当月奖金或辞退:

①对职责范围内或自己可以及时处理的事情不予理睬或拖沓、推诿者;

②自己无法解决的投诉不及时向上级汇报者;

③有证据显示带有情绪或缺乏诚意地去处理投诉,令投诉人不满意者。

(三)报　告

(1)首问责任人在向直属上级报告投诉情况和向相关部门值班人员报告后,同时要跟进事件的处理情况,直至事件处理完毕;

(2)直属上级或相关部门值班人员接报不及时处理,如出现过失按总则处理。

首问责任制是物业服务中关于管理责任分工的基本制度,明确规定了客户和企业管理端的交互问题,有利于物业服务人员提高办事效率,提供优质服务。

星河物业在此项工作中结合具体服务对象的实际情况,做到了"一对一"的私人定制。基于上述实施流程,面对住宅用户和非住宅用户采取不同的管理办法,根据物业等级、新旧制定不同的评价标准,这是星河物业在转型升级后对基本制度的深化改革和创新。

二、满意工程

(一)建设目标

现代物业强调以客户为中心,因此追求客户满意成为中小型物业服务企业推行现代物业服务的中心工作。星河物业与行业领先者相比,其客户满意度尚有提升空间,有必要实施客户满意度工程。通过改进服务品质提高客户忠诚度,持续扩大物业服务市场。星河物业开展满意度工程建设的目标基于以下两点:一是满足战略管理的需要,客户满意度是物业服务品牌价值的重要考核指标,星河物业作为服务型企业,全面提升客户满意度是修炼核心竞争力,打造强势品牌的关键;二是通过不断改善物业服务质量,满足物业服务企业可持续发展的需要。客户满意与否是星河物业保证物业服务市场占有率的关键因素。

(二)具体内容

物业服务客户满意度工程就是把客户需求作为物业服务企业开展经营的基础,在物业服务制度建设中以利于客户为原则,最大限度地使客户感到满意。星河物业客户满意度建设工程可从理念满意、行为满意、视觉满意和服务满意四个基本项目建立,如表 4-10 所示。

表 4-10　星河物业客户满意度建设工程基本内容

基本项目	具体内容
理念满意	星河物业的公司服务理念,包括公司精神、质量方针、企业文化、企业服务观、企业责任观、企业人才观、企业法规观、企业顾客中心观等公司基本形象
行为满意	规范员工服务行为,大力推进星河物业的行为识别(BI)标准,通过员工行为表达公司理念,从而获得客户与大众的认知与高度满意,树立公司良好的服务形象
视觉满意	规范星河物业视觉识别(VI)使用,帮助客户认识公司、监督公司,包括对公司印刷品、服饰、宣传、办公系统等视觉整合体系的满意
服务满意	通过员工服务意识培训、习惯培养,建立独立的服务指标,实现客户对物业服务全过程、社区舒适安全满意,客户情绪反应满意,对整个小区环境满意等

客户满意度建设工程的具体内容基于客户视角研究和设计服务产品,预先在服务产品上创造客户满意,不断完善服务系统,提高服务反应速度和质量。物业服务企业应重视客户的意见,建立以客户为中心的服务组织,要求对客户的需求和意见具有能快速反应的内部管理措施,具体内容如表 4-11 所示。

表 4-11　星河物业客户满意度建设工程具体内容

内部管理	客户服务
1.加快星河物业服务理念提炼和全员宣贯,并体现到公司管理和员工的行为中 2.加快公司 BI 标准的建设和推行,强化员工服务意识,规范各级员工的服务行为 3.加快公司 VI 标准的建设和推行,对公司印刷品、服饰、宣传、办公系统进行全面规范 4.建立公司风险防范管理体制,控制满意度工程建设过程中否定要素的出现 5.建立服务响应和服务质量的监督评价体系,强化服务响应和服务质量的监督管理	1.物业服务场景,包括物业服务中心、门岗的绿化,全面改变服务场景的效果 2.加强服务蓝图的设计,明晰"接触服务"和"关键时刻",优化服务流程,规范客户可视范围和互动环节的服务,全面提升服务品质 3.建立公司物业服务信息传输渠道,定时向客户输出服务信息,树立公司管理透明、有责任感的企业形象 4.强化满足客户精神需求的服务产品,策划、包装和实施,体现服务产品的差异化 5.明确各类服务响应速度和质量要求,强化项目服务响应速度和服务质量

物业服务客户满意度工程必须站在客户立场上研究和设计服务产品,尽可能地去除或者改进客户的"不满意"因素,并顺应客户需求的趋势,预先在公司本身对客户满意度工程的否定因素进行全面识别,并有针对性地控制否定因素形成和蔓延,以保证客户满意度的持续上升,星河物业对客户满意度建设工程否定因素的识别如表 4-12 所示。

表 4-12　客户满意度建设工程否定因素识别

否定因素	识别内容
出现安全事故	安全是客户满意度的第一杀手,会造成"100－1＝0"的结果,实施客户满意度工程,有必要建立风险防范机制,控制安全事故的发生,一旦出现安全事故,客户满意度将受到毁灭性打击
服务响应缓慢	客户需求可能是紧急的,客户提出需求后,物业服务中心服务响应缓慢,可能造成客户满意度的急剧下降
服务质量落差	服务质量是客户感知的结果,客户在评判服务质量时重点关注物业服务企业是否做到了有形性、可靠性、响应性、真实性和移情性的要求,一旦客户预期质量与感知到的服务出现心理落差,会使客户满意度明显下降

第五节　物业服务企业转型升级动力总结

基于上述分析,以星河物业为代表的中小型物业服务企业转型升级动力来源主要包括以下几个方面:

(1)物业服务对象需求转变是物业服务企业转型升级的基本动力。客户需求是物业服务企业确定服务模式的基本依据,不同的客户需求需要不同的物业服务模式。以星河物业为例,由于客户组成结构和本身需求的变化,2013 年以来星河物业针对满意度调查项目做了三次较大的调整,这反映了客户需求改变是物业服务企业转型升级的基本动力。

(2)物业服务企业应对挑战是物业服务企业转型升级的内在动力。随着经营环境的改变,物业服务企业面临着经营成本持续上涨、服务质量难以保障、物业服务能力不够、服务人员素质不高且缺乏主观能动性等多方面的经营压力,传统经营模式难以为继,唯有借助转型升级破解企业经营面临的诸多问题,实现物业服务企业可持续发展的目标。

(3)物业服务行业发展趋势为物业服务企业转型升级提供了外部力量。从宏观上看,物业服务行业社会化、专业化和市场化是基本方向,对于依附于房地产开发企业的物业服务企业,首先要解决独立经营的问题;其次要利用现代管理理念和信息技术,为物业服务行业发展提供条件;最后要充分利用行业市场化的力量。总之,物业服务行业发展趋势为物业服务企业转型升级提供了必要的外部力量。

(4)物业服务企业经营实践为物业服务企业转型升级积累了经验。万科、绿城等大型物业服务企业转型升级的实践积累了丰富的成功经验,但不一定适用于所有中小型物业服务企业。以星河物业为代表的中小型物业服务企业根据自身特点,开展企业转型升级实践极具现实意义。星河物业的首问责任制和满意度工程实践为"臻星服务体系"的开发积累了大量的实践经验。

第五章　现代物业服务之"四臻"模式

第一节　"四臻"模式结构概述

与传统物业服务相比,现代物业服务注重以人为本的服务理念,强调新技术在物业服务中的应用。本书基于现代物业服务与新方法新技术,结合星河物业的实践经验,提出现代物业服务的"四臻"模式。"四臻"模式是星河物业"臻星服务体系"的理论内核,是星河物业在转型升级背景下针对城市综合设施物业服务解决方案的理论基础。现代物业服务"四臻"模式分为臻质、臻悦、臻能和臻惠四个维度。这里"臻"的本意为"至、到",引申为"周全"。臻星谐音真心,指专注的心、美好的心,寓意真情实感的心。因此,"四臻"模式源于臻星服务,意指精诚的服务、周全的服务、舒适的服务和美好的服务。

现代物业服务"四臻"模式层层递进又相互联系。"四臻"模式以客户为核心,强调客户感知价值的增值。"四臻"模式以臻品质为基础,提升员工满意度及其物业服务技术能力,然后要求物业服务企业上升到对顾客、员工乃至社会的责任。物业服务企业践行社会责任后,又会重新开始进行新一轮的升级。因此,"四臻"模式是相互联系的整体,从宏观上看是螺旋上升、周而复始的循环。"四臻"模式内部结构如图5-1所示。

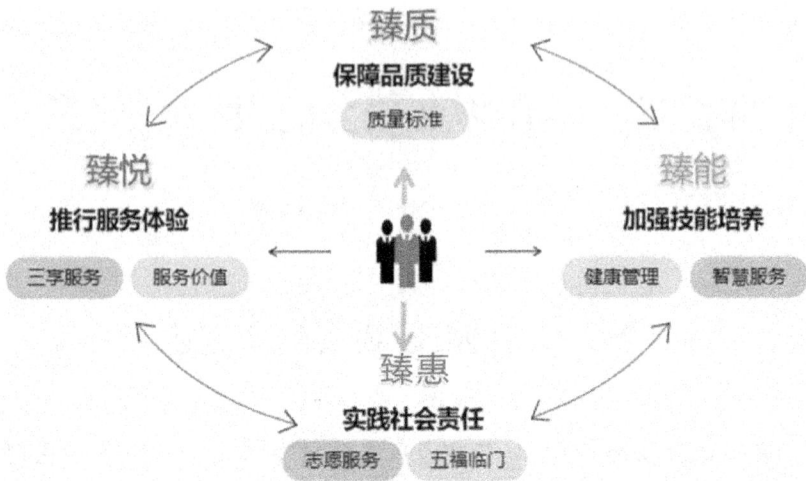

图 5-1　现代物业"四臻"模式逻辑结构

第二节　臻质:保障品质建设

一、品质建设的目标

臻质是星河物业服务标准的追求,也是物业服务产品的核心价值——坚持质量至上、标准规范,为客户提供最具价值的服务保障。具体来说,现代物业服务品质建设主要有以下三个目标。

(一)提升物业服务质量水平

对于物业服务品质来说,就是要求全体员工秉持质量至上的原则,不断追求物业服务质量的提升。根据产品层次理论,物业服务质量属于核心产品的范畴,即物业服务企业为客户提供的基本效用或利益。因此,改进物业服务质量,做好物业服务质量管理是所有物业服务企业的基本要求。星河物业在初期就提出要坚持质量至上的原则,上到公司董事长,下到基层员工,无一例外。根据这一原则,可以有效约束员工行为,提升工作效率,减少不必要的时间和精力耗费,专注于物业服务质量的提升。

(二)实现物业服务质量标准化

物业服务质量标准化是加强物业服务质量管理的基础,也是维持高质量物业服务的保障。一方面,衡量物业服务质量水平须借助物业服务质量标准。物业服务质量标准好比一把尺子,可以用于衡量物业服务质量优劣。当物业服务质量水平较低时,物业服务质量标准化就成为改善物业服务质量的目标;当物业服务质量水平较高时,物业服务质量标准化就成为进一步改善物业服务质量的基础。另一方面,不同层次的物业服务质量标准可以全方位促进物业服务质量的提升。同一个物业服务质量标准中可以设置不同的物业服务质量等级,不同地区和物业服务企业可以根据实际情况制定本地区本企业的物业服务质量标准。针对物业服务质量水平不同层次的要求,可借助不同物业服务质量标准,不断地提升各个层次的物业服务质量水平。

(三)促进物业服务企业可持续发展

许多传统物业服务企业往往依附于房地产开发企业,难以开展独立运营。尽管物业服务行业具有重要的社会功能,但当前物业服务行业存在诸多不容忽视的问题:行业服务水平低、行业利润率低、从业人员总体素质不高、行业总体形象不好。这些问题严重威胁到物业服务行业发展的可持续性。[4]因此,借助于物业服务行业转型升级,物业服务企业应通过市场获得服务项目,结合客户需求开展物业服务,树立独立的经营形象。也唯有通过转型升级,才能提高行业经营水平,改善经营结构,增加经营效益,全面提升社会形象,促进物业服务企业可持续发展。

二、品质建设的内容

臻质标准规范涉及服务形象、客户服务、设备管理、秩序维护、环境维护、餐饮服务、VI 管理和制作等方面,大致可以分为基础服务、专业服务和增值服务三大类别。

(一)基础服务类标准

臻质基础服务类标准规范包括服务形象标准和 VI 制作安装标准两个子类。基础服务类标准规范主要针对物业服务现场开展物业服务的基本配置,服务形象标准强调物业服务人员基本素质要求,VI 制作安装标准强调物业服务现场 VI 形象的规范制作和呈现。

1. 服务形象标准

物业服务形象标准涉及项目经理、综合管理和秩序维护等不同类别物业服务人员的形象标准、仪容仪表标准、站坐姿标准及礼貌礼节标准等。形象标准包括身高、形象和气质;仪容仪表标准包括上下装、领带和鞋帽等,又分为冬装和夏装两类;站坐姿标准包括身体各个部位的姿势要求;礼貌礼节标准包括微笑、敬礼和问好的基本要求,如图 5-2 所示。

2. VI 制作安装标准

VI 制作安装标准涉及制作和安装两个方面的标准。制作标准包括标志组合的标准色、字体、规格等;安装标准包括悬挂、装贴的位置要求(见图 5-3)。

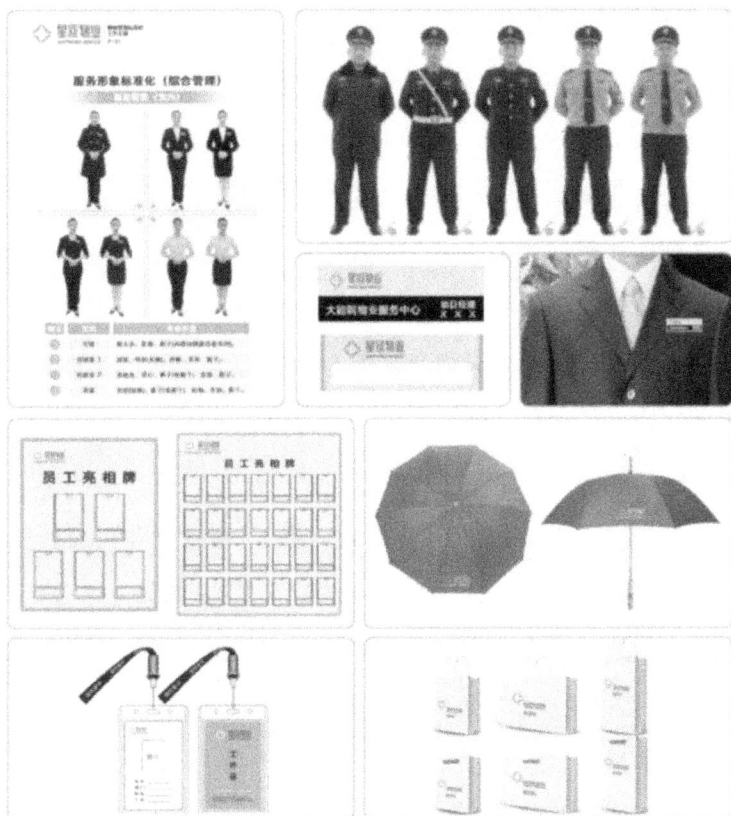

图 5-2 员工形象标准化示例

图 5-3 星河物业 VI 示例

(二)专业服务类标准

臻质专业服务类标准规范包括设备管理标准、秩序维护标准、环境维护标准和 VI 管理标准四个子类。专业服务类标准规范指主要针对各专项物业管理内容开展物业服务的质量标准。

1. 设备管理标准

物业服务设备管理标准主要包括对设备管理的方针、目标、任务和过程的管理标准,其中,有关过程管理的标准是重点内容。物业服务设备的过程管理涉及购买、安装、调试、验收、封存、启用及报废等环节的规范要求。

2. 秩序维护标准

物业秩序维护标准涉及上下岗、执勤巡逻、门禁制度和纠纷处理四个方面。上下岗主要包括着装规范、时间及相关记录规范;执勤巡逻包括仪表、精神面貌和坚守岗位的规范;门禁制度包括出入人员证件登记及其相关记录规范;纠纷处理包括根据不同情景的劝阻、疏导和制止规范。

3. 环境维护标准

物业环境维护标准涵盖目的、范围和具体管理标准四个方面。具体管理标准参照乔木养护、灌木养护、花草养护、病虫害防治、消杀、街区清洁、水景清洁、公共区域清洁、垃圾清运、办公环境、内务管理和外立面清洗等类别的规范要求。

4. VI 管理标准

物业 VI 管理标准涉及设计内容和标识标牌内容两个方面。设计内容包括文本识别、服装服饰、礼仪礼品和旗帜等;标识标牌按照公司办公区、员工生活区、设备设施区、体育场地、停车场所、公共设施等分别设计的规范。

图 5-4　星河物业资质和认证证书

(三)增值服务类标准

臻质增值服务类标准规范包括客户服务标准和餐饮服务标准两个子类。其中,客户服务是绝大多数物业服务项目的常设部门,餐饮服务一般为公建类物业服务项目设置的部门。

1.客户服务标准

物业客户服务标准涉及基本标准、秩序维护和环境维护三个方面。基本标准包括仪容仪表、礼貌礼仪、电话接听、来访接待和客户投诉等规范;秩序维护包括交接班、车辆管理、巡逻和礼宾等岗位规范;环境维护包括室内外保洁、游乐场、景观池和卫生间等服务规范。

2.餐饮服务标准

物业餐饮服务标准包括卫生管理、消防安全和服务规范三个方面。卫生管理涵盖工作人员健康检查、原料及成品、餐具厨具、空气及消杀等规范；消防安全涵盖器材完好检查、灭火器材检修、消防隐患处理等规范；服务规范涵盖服务满意度、菜样重复间隔、物品摆放和门窗台面整洁等规范要求。

三、品质建设的意义

(一)界定中小型物业服务企业服务主体的权责

臻质服务体系要求保安、保绿、保洁、保修和客服等基本物业服务职能具有相应的标准。这些标准的应用不仅仅是中小型物业服务企业自身管理的基本要求，还体现了中小型物业服务企业对于客户的承诺。因此，物业服务标准的应用不仅会促进物业服务规范化，还有利于大幅度减少物业服务实践中频繁存在的物业服务纠纷。

(二)规范中小型物业服务企业服务人员的行为

臻质服务体系包括三大类别共八个专项服务质量标准，涵盖了星河物业的全部物业服务职能。这些标准不仅仅对于物业服务人员的着装、形象、服务态度、服务方式、服务对象等都有全面的规范，还为中小型物业服务企业服务人员履行其基本职能时的所作所为提供了清晰的界限，有助于物业服务人员追求最佳的服务状态。

(三)提升中小型物业服务企业服务质量的水平

星河物业的服务标准通过了相关的权威认证，包括质量体系管理 IOS 9001：2015、环境管理体系 IOS 14001：2015、食品安全管理体系 IOS 22000：2005 等各项与其物业服务项目相关的证书。这不仅仅是完善中小型物业服务企业物业服务质量标准系统的要求，也能更加得到客户的信任，树立中小型物业服务企业良好的社会形象。

第三节　臻悦:推行服务体验

一、服务体验的核心目标

臻悦是星河物业的服务价值,其核心目标为用超出期待的服务带给客户超值的服务体验。物业服务体验主体包括所有与物业服务有关的人群,其中重点是与物业服务紧密相关的业主和物业使用人群体。

(一)以满足客户服务体验为中心

以客户为中心是现代营销的基本理念,物业服务实践中物业服务对象是客户,因而要以满足客户服务体验为中心,也是现代物业服务区别于传统物业服务的关键。物业服务企业转型升级首先是经营理念的转变。在发展现代物业服务业的过程中,首先要确立以满足客户服务体验为中心的观念,用于指导物业服务企业经营管理各项业务工作的开展。因此,以满足客户服务体验为中心是星河物业推行服务体验最为重要的目标之一。

(二)注重物业服务人员满意度的提升

没有员工的满意,就没有顾客的满意。同理,在物业服务实践中,没有物业服务人员的满意,就没有客户的满意。让人愉悦的前提是自己愉悦,这句话对物业服务经营具有很高的参考价值。很难想象一家员工待遇低、流失严重,内部管理糟糕的物业服务企业可以实现高标准的物业服务。按照广义客户的定义,员工也是客户。员工是企业的资源,也是资产。因此,要善待员工。只有这样,物业服务企业才能最大限度地确保物业服务人员真心实意地工作,为物业服务人员提供优质的服务。

二、服务体验的内容

(一)同享服务

同享服务是针对物业服务人员开展的服务。为了改善物业服务人员的工作氛围和生活福利,具体采用臻星学堂、臻星能手、臻星之家、臻星愿享、臻星祝福、臻星秀场、臻星内训和臻星团建等形式的活动。同享服务对于员工的工作技能、生活住宿以及潜力开发都有不同程度的关注(见图5-5)。星河

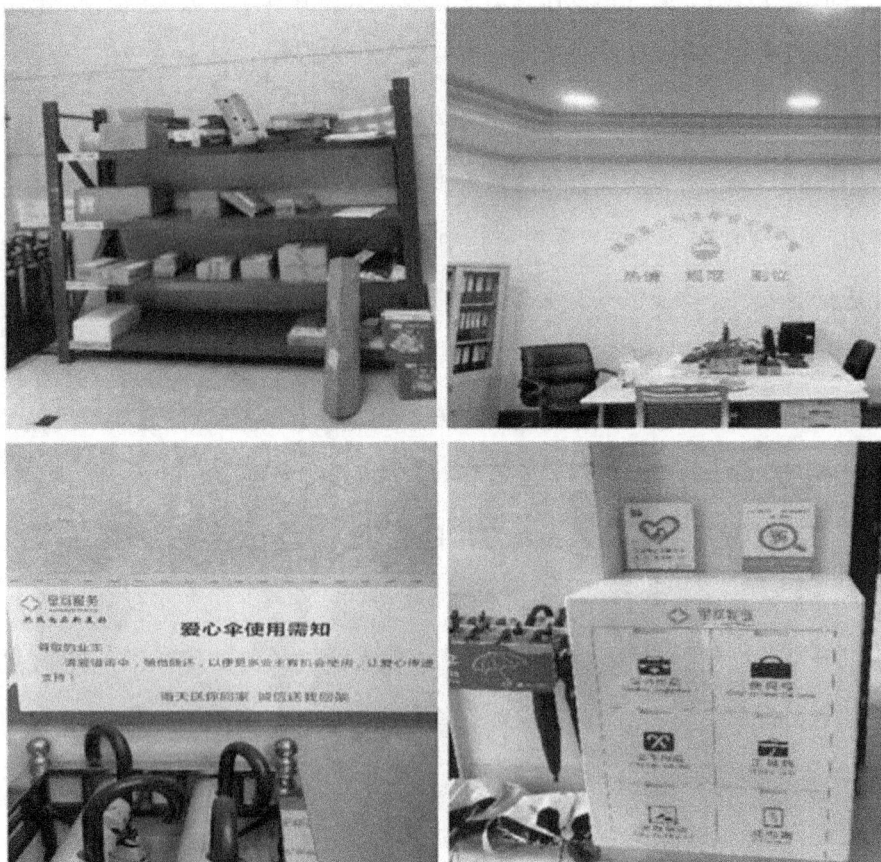

图 5-5　星河物业服务体验设施

物业设立同享服务就是为了给予物业服务人员学习和生活的场所,让物业服务人员在学习相关业务知识与技能的同时感受到公司是大家庭,增加员工的归属感。既能坚定员工留下来工作的信心,也能使员工的能力不断得到提升。此外,通过同享服务还能开发公司和员工潜力,让公司和员工可以齐心携手共同成长。

(二)特享服务

特享服务是针对物业服务对象开展的服务。为了满足客户需求,特享服务包括礼仪服务、能手服务、居家服务等三个方面。特享服务基于"四保"职能延伸到客户日益增长的需求,形成全新的服务体系。为此,星河物业增加了快递送上门、修理家具、早餐专送等各种满足不同客户需求的服务形式。特享服务致力于通过物业服务来提高客户的满足感和幸福感,其目标在于形成星河物业客户服务的优势。

(三)随享服务

随享服务即为公众服务。随享服务分为暖心服务、贴心服务、安心服务,主要针对非住宅项目的物业服务,即对于商务办公和公共设施中访客的服务,并延伸至服务社会大众的整体需求。因此,星河物业在此需求上设立了随享服务。

三、服务体验的意义

尽管具体服务形式存在差异,但是从满足客户需求的角度而言,同享服务、特享服务和随享服务是一个整体。臻悦服务面向客户,也面向员工和社会大众。具体来说,服务体验的意义如下。

(一)拓展中小型物业服务企业服务范围

首先,随着星河物业服务项目数量的增加,由住宅为主转变为以公建类项目为主;相应的,客户以住宅业主和物业使用人为主转变成以公共服务机构和访客为主,因而客户的数量和类型都有所增加。其次,与传统物业服务"四保"受限于基本服务不同的是,现代物业服务注重以人为本。对于中小型物业服务企业物业服务人员来说,重视他们在服务过程的工作环境、心理状态及其对公司的归属感;对于客户和社会大众来说,更加注重他们需求的满足和幸福感的提升。最后,现代物业服务的职能更加丰富和完善,不似传统物业服务单一。星河物业的物业服务职能基于服务对象的不同类型划分,通过深入实践分析设立不同的服务形式,具体到每个岗位和工作步骤。

(二)深化中小型物业服务企业的服务内涵

传统物业服务"四保"模式针对基本物业服务职能进行解释,其中说明了物业服务应该去做什么,但是缺乏明确的服务规范。随着现代物业服务的发展,从物业服务人员的视角,物业服务更加注重员工的归属感和服务能力的提高;从客户的视角,物业服务不仅仅是形式上的物业服务,而且强调物业服务项目的体验价值,即需求不断得到满足。对于中小型物业服务企业来说,客户和员工是直接影响物业服务效果的主体,客户需求的提高、员工技能的提升,是物业服务的基本追求。因此,星河物业基于以客户为中心的基本理念,突破传统物业服务以房屋及其附属设施为中心的局限,充分运用现代管理方法和技术,结合自身特点构建了独具特色的臻悦服务体系。

第四节 臻能:加强技能培养

一、技能培养的目标

臻能强调加强技能培养,是以星河物业的技能价值为核心,在企业经营全生命周期内采用现代信息设备和方法,实现物业设备设施功能向着绿色健康发展。也就是说,通过现代信息技术的支持与帮助使得物业服务实现可发展。具体而言,加强技能培养的基本目标如下。

(一)积极践行全生命周期技能理念

全生命周期技能管理就是指企业在不同生命周期阶段管理技能与企业整体发展目标相一致,与企业经营策略相互配合,使员工工作效率达到最大化。随着时代的发展,提高管理效率可以有效帮助员工改善服务效能,从而促进企业服务模式的优化和服务质量的提升。因此,星河物业提出全生命周期技能理念就是为了促进全体物业服务人员素质和能力的提升,让管理人员专心于如何有效服务员工,让员工可以更加高效地服务客户。管理技能的提升可以实现客户服务质量的提升,使工作效率最大化。

(二)充分发挥现代信息技术的作用

随着科学技术的进步,物业服务企业应积极运用新兴信息技术,提升物业服务企业的运作效率和服务水准。近年来,星河物业在信息化建设、室内空气检测、垃圾清运、病虫害防治和健康护理服务等方面积极投入,不断配备各项物业服务设备和工具,客观上有效提升了企业的经营水平和管理效率。对于现代物业服务而言,由于服务对象规模庞大,如果仅仅依靠传统管理手段,物业服务过程中对客户相关资料的收集、存储、处理和应用就面临着极大的挑战。为解决上述问题,星河物业以新型设备投入为契机,积极探索大数据、人工智能和物联网技术在客户信息管理中的应用,在减少人财物消耗的同时提升物业服务水平。

(三)积极倡导绿色价值观的引领作用

绿色理念已经深入人心,物业服务企业应积极贯彻绿色理念。2021年2月,国务院颁布的《关于加快建立健全绿色低碳循环发展经济体系的指导意见》特别强调要提高服务业绿色发展水平。那么星河物业服务是如何贯彻绿色发展要求的呢？首先，星河物业树立了绿色价值观，用于指导企业经营的各个方面，在物业服务的不同环节中积极践行绿色发展理念。其次，绿色发展理念是全社会的共识，星河物业贯彻绿色发展理念的终极目标就是为了实现企业自身的社会价值。坚持绿色发展理念，可以有效地吸引客户，让更多的人选择星河物业。最后，星河物业自身的发展是对绿色发展的贡献，服务业被称为绿色产业。我国服务业无论是产值还是规模，都还有长足的发展空间，大力发展以现代物业为代表的服务业，有利于我国经济结构改善，提升绿色发展水平。

二、技能建设的内容

所谓技能，"技"是指技术，是对于设备而言的；"能"指能力，主体是物业服务人员。技能是相互联系的统一体，物业服务技能建设需要装备先进的设备设施，又要求物业服务人员具备相应的技术能力。具体来说，物业服务技能建设内容如下。

（一）智能化的物业服务系统

首先，星河物业的日常巡查、客服管理、维修管理、秩序管理和绿化保洁等业务，涉及大量的记录、投诉、保修和评价等，都依赖于智能化系统的促进。其次，星河物业智能设备包括无感停车、智能道闸、智能门卡和智能抄表等，其中涉及人脸识别、自动打开停车位收费系统以及自动充值计费。再次，星河物业还通过通知公告、在线客服、公益服务、服务品质等线上辅助客户享受相关物业服务。最后，星河物业在办公信息化的基础上大力推进智能化建设，通过智能化系统处理财务数据和办公管理，不仅提升了物业服务效率，还降低了物业服务成本。

(二)现代化的物业服务设备

装备现代化的物业服务设备是发展现代物业的基本特质条件。物业服务设备主要包括保洁、绿化、秩序维护、空气检测、噪声检测、害虫防治和信息化建设等。近年来,星河物业大力推进物业服务设备现代化建设。保洁设备有驾驶式和手推式洗地机,绿化设备有链锯、绿篱机、割灌机、梳草机、高枝机、吸叶机、割草机、草坪修整机等,秩序维护有巡逻车和智能门禁系统,空气检测有室内空气检测仪和大气环境监测仪,噪声检测有噪声检测仪,害虫防治有高空测报灯和臭氧消毒机,信息化建设包括计算机及网络设备。

(三)人性化的物业康养护设施

随着我国人口老龄化和人们健康意识的提升,大力发展物业康养护服务,既是物业服务企业市场拓展的需要,也是履行社会责任的要求。星河物业康养护设备设施规划主要包括健康体检、护理技能、定制餐饮和健康食品等。健康体检有智能体检设备一体机,护理设备有按摩椅和理疗仪等,定制餐饮主要指食堂厨房餐饮设备,健康食品则通过自动贩售机和电子商务平台采用线上线下相结合的方式实现。星河物业顺应时代要求,积极发展物业康养护服务,部分物业服务项目已经开始实施。

三、技能建设的意义

(一)改善中小型物业服务企业经营水平的要求

改善中小型物业服务企业经营水平,首先,要解决的是物业服务人员服务能力的问题。只有全体物业服务人员服务能力满足了高质量管理的要求,物业服务企业经营的水平才能得到不断提升(见图 5-6)。其次,物业设备设施现代化是提升物业服务企业经营水平的物质基础,物业服务企业各专项服务的开展,有赖于相关物业服务设备设施的支持。所谓"工欲善其事,必先利其器",说的就是这个道理。总之,通过物业服务企业技能建设,系统地培养员工服务能力,提升物业服务设备设施的现代化水平,是提升中小型物业服务企业经营水平的基本手段。

(二)满足物业服务对象对于现代物业服务的要求

随着社会经济的全面发展,人民群众的物质文化需求和精神文化需求日益提升。现代管理理论认为,以客户为中心的经营理念是现代企业经营管理的基本要求。不断满足客户对物业服务的基本需要,在传统物业向现代物业转型升级的背景下具有特殊的现实意义。本书提出物业服务模式"四保"到"四臻"的转型,正是适应了上述要求。总之,满足客户的物业服务需求是中小型物业服务企业提升经营水平的基本要求,也是中小型物业服务企业可持续发展的核心动力。

(三)适应现代物业服务对物业服务人员素质的要求

根据中国指数研究院和中国房地产 TOP 10 研究组联合发布的《2019 中国物业服务百强企业研究报告》,全国百强物业服务企业员工专科及以上学历占比仅为 30.2%,我们实地考察过的物业服务项目中,绝大部分项目员工学历大专及以上占比低于 20%。可见,我国物业服务行业员工素质普遍不高。在现实条件下,中小型物业服务企业人力资源培训显得尤为重要。中小型物业服务企业技能建设首先要做的就是对人才的培养。以中小型物业服务企业技能建设为契机,通过不同类型的业务培训,全面提升员工业务能力。同时,根据中小型物业服务企业长远发展的需要,中小型物业服务企业还应该鼓励员工通过函授、在线教育甚至脱产学习的形式,提升员工的学历层次,全方位提升物业服务人员的整体素质。

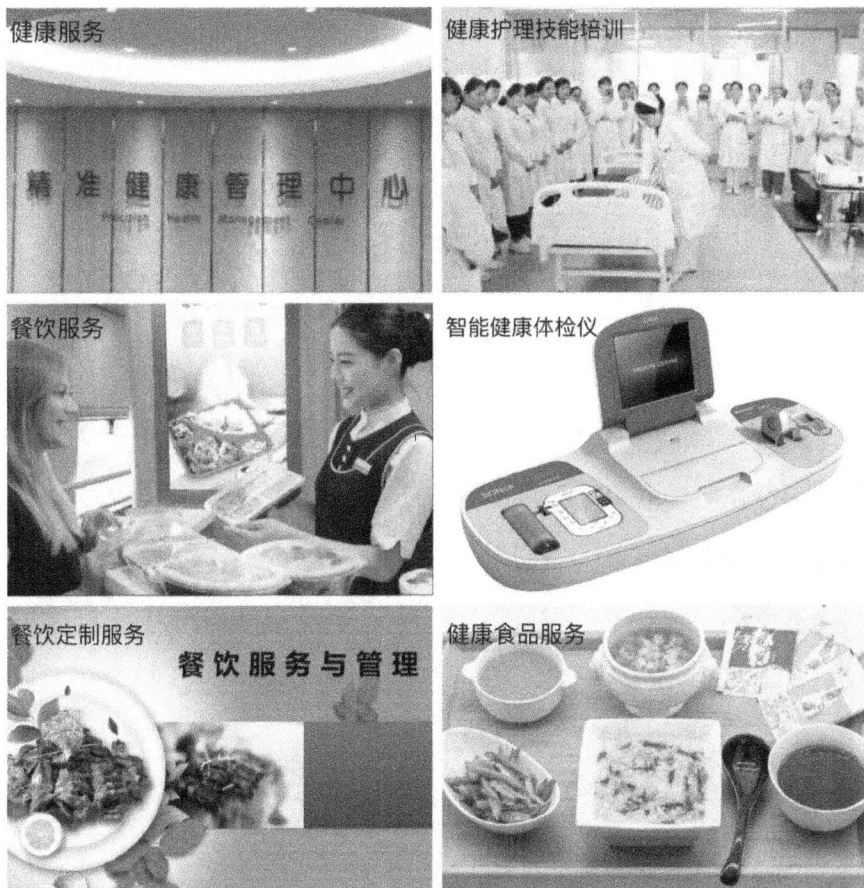

图 5-6　星河物业"臻能"服务情景

第五节　臻惠:实践社会责任

一、社会责任的内涵

企业社会责任是指企业在创造利润、对股东和员工承担法律责任的同时,还要承担对消费者、社区和环境的责任。企业的社会责任要求企业必须超越把利润作为唯一目标的传统观念,强调要在生产过程中对人的价值的关注,强调对环境、消费者和社会的贡献。[64]

星河物业在不断提升物业服务经营管理能力的同时积极履行社会责任,将物业服务和社会责任结合在物业服务企业管理中发挥两者之间的相互促进作用。上述基本思想可概括为"臻惠",臻惠体现星河物业的社会价值——用心去服务奉献,共赢美好未来(见图5-7)。通过服务社会公众,履行企业应尽职责、实现企业社会价值、树立良好的企业形象,实现企业的可持续发展。

图 5-7　星河物业"臻惠"服务情景

二、履行社会责任的范围

星河物业履行社会责任的范围非常广,向内覆盖到全体员工,向外致力于服务社会大众,实现物业服务企业的社会价值。星河物业履行社会责任会定期和不定期地开展各种形式的活动,其中志愿活动和红色驿站两个服务项目已形成了较为成熟的活动机制,具有较好的代表性。

(一)志愿活动

志愿活动是以开展公益活动为载体,面向社会公众。星河物业开展志愿服务活动主要包括围绕六一儿童节(6月1日)、世界卫生日(4月7日)、世界标准日(10月14日)等节日定期开展的志愿服务和世界温州人大会、走进西郊社区等大型主题志愿服务。同时,星河物业还在企业内部推行志愿服务,针对特定项目和物业服务部门开展专题志愿活动,星河物业主要志愿服务项目有红日志愿服务、金色尚品垃圾分类推广活动、水心菱藕社区治理创新项目和麻行志愿服务等。

(二)红色驿站

红色驿站承载了星河物业的"红色能量",它努力打造加油充电的工作站、帮扶解难的服务站和民情民意的技术站。红色驿站坚持触角向下延伸,为项目量身定做"红星驿站",实现"一驿站一特色"。同时,以"五福"为基本元素,聚焦群众需求,因地制宜优化"驿站"功能,进一步提升民众的满意度和获得感,让党建工作和志愿服务同频共振,从有形覆盖升级至有效覆盖。其中,"五福临门"是指以党建提升服务水平,解决社区居民"最后100米"生活难题;红色管家服务是在日常物业服务过程中为客户提供超出物业服务委托合同约定的服务内容,同时动员物业服务人员积极参与社区服务。

三、履行社会责任的意义

(一)履行中小型物业服务企业本职工作的要求

物业服务基本职能与社会公众有密切的联系。对于住宅类物业而言,一个小区少则数十户,多则成百上千户。公建类物业本身就是公共机构,服务对象是不同类型的客户。因此,物业服务具有很强的公共属性。很多时候,中小型物业服务企业应该做的事情没有明确的界限。中小型物业服务企业只有在做好本职工作的同时,积极履行社会责任,才能得到客户的认同,达到客户满意的目标。此外,中小型物业服务企业积极履行社会责任,有利于树立良好的形象,得到相关利益主体的认同,从而有利于可持续发展。

(二)形成中小型物业服务企业特色优势的途径

一方面,中小型物业服务企业特色发展是物业服务对象特性的要求。不同中小型物业服务企业面对的物业服务市场存在差异,比如星河物业以前是以住宅物业为主,现在则以公建类物业为主。不同的服务对象有不同的属性,也就有不同的物业服务需求。中小型物业服务企业除了做好常规物业服务,还应该根据服务对象的特点培养特色,这是现代物业服务业对中小型物业服务企业发展的基本要求。另一方面,中小型物业服务企业特色发展是培养核心竞争力的需要。核心竞争力可为企业带来竞争优势,在激烈的市场竞争中,中小型物业服务企业培养核心竞争力有利于其脱颖而出。因此,中小型物业服务企业实现可持续发展必须培养自身竞争力。对于中小型物业服务行业而言,常规的绿化、保洁、秩序维护和设备设施管理难以体现特色,而履行社会责任通常超出常规服务的范畴,为中小型物业服务企业培养核心竞争力提供了契机。

(三)树立中小型物业服务企业社会形象的需要

企业实现目标的过程就是体现其社会价值的过程。一方面,新时代的党员要求"讲信念、有政治,讲规律、有纪律,讲道德、有品行,讲贡献、有行为",对于物业服务人员队伍建设具有指导意义。星河物业将党建和物业服务结合起来,将红色服务传达到各个项目,并产生较好的社会影响,形成具有红色特色的物业服务。另一方面,星河物业通过臻惠服务体系可以接触到更多社会人士并分析其需求,同时也能树立起企业积极向上的社会形象,促进中小型物业服务企业管理体制的完善。星河物业认为承接服务项目不仅是自我实现,更是对社会的奉献,承载着更高的使命与要求。

第六章　现代物业服务情景分析

第一节　现代物业服务情景概述

一、现代物业服务的内涵

"现代服务业"最早出现在 1997 年 9 月党的十五大报告中。2012 年 2 月,科技部发布的第 70 号文件提出,现代服务业是指以现代科学技术特别是信息网络技术为主要支撑,建立在新的商业模式、服务方式和管理方法基础上的服务产业。物业服务行业转型升级来自行业自身的社会实践,以万科、绿城和长城物业为代表的物业服务企业付出了卓有成效的努力,并走在了行业的前列。2012 年 3 月,浙江省人民政府发布《关于加快发展现代物业服务业的若干意见》,2014 年 6 月,时任中国物业管理协会会长谢家瑾在《物业管理向现代服务业转型升级的研究》课题验收会上发表题为《加快企业转型升级,推动行业整体进步》的讲话。自此,促进传统物业服务行业向现代物业服务业转型升级成为业界的共识。

关于现代物业服务的定义,已有文献中尚未形成统一的意见,但"运用科学技术,特别是信息技术""改善物业服务企业运作模式""较高的产业附加值"等表述得到较为一致的认可。参考现代服务业相关理论研究成果[65,66],本书将现代物业服务定义为:以满足客户需求为中心,充分运用新兴科学技术和现代管理方法,围绕房屋管理展开的一系列服务的总和。因此,现代物业与传统物业的关键区别在于是否充分运用现代科学技术和现代管理方法，从传统物业服务到现代物业服务的转型升级是动态变化的过程。

二、现代物业服务情景分析的特征

物业管理无大事，服务客户无小事。物业服务从业人员都明白这个道理，物业服务的价值往往通过服务细节来体现。本章素材来自多家物业服务企业，以高端住宅类物业服务项目为主。每个实例的情景描述部分简要阐述了实例的来龙去脉，在实例后面，作了简明扼要的情景分析。本章撰写按照以下思路展开。

(一)情景描述客观呈现了现实物业服务场景

本章全部实例都是物业服务过程中发生的真实故事，系作者近年来走访多个物业服务项目，访谈一线骨干员工的真实记录。考虑到转型升级对现代物业服务发展的要求，以知名物业服务企业及其具有特色的物业服务项目为主，选择综合质量较高的物业服务项目；考虑到可能会给当事人和物业服务企业带来不必要的困扰，本章全部实例涉及的物业服务企业名称、物业服务项目名称、物业服务人员和当事人的姓名已做匿名处理。

(二)情景分析全面反映了现代物业服务需求

物业管理法律法规是物业服务日常管理的底线。所谓物业管理无大事，指现实中的绝大多数物业服务情景通常不需要司法来解决，本章全部实例反映物业服务的实际操作场景。每个实例的点评基于现代物业服务对于服务客户的高品质目标、对现代管理方法和技术应用高标准要求的视角，着眼于物业服务企业对服务水平的追求，不求全面解读，但求有的放矢。当然，本章实例并非全是现代物业服务的标杆，部分实例中有反面的教训，相关分析中有诸多反思，以期引发读者的思考。

（三）实例选择总体演绎了"四臻"模式服务理念

上文提出的"四臻"模式是星河物业转型升级经验的总结，"四臻"模式不是最终目标，而是对中小型物业服务企业发展现代物业服务的探索。也就是说，"四臻"模式本身处于变化之中，需要物业服务企业不断改进服务质量。本章实例正是多家物业服务企业中物业服务人员日常实践的足迹，因此，本章基于"四臻"模式的基本框架，编排全部实例。如此安排，实例情景可以视为"四臻"模式具体措施的演绎，"四臻"模式则可视为实例分析的经验总结。需要特别说明的是，如同"四臻"模式不同维度之间存在相互联系，本章各个情景及其分析反映了"四臻"模式中一个或者多个维度对应的内涵。

第二节　臻质之物业服务情景及其分析

一、臻质之物业服务职能分析

臻质强调物业管理的品质建设。质量至上、服务精致是现代物业服务管理的基本要求。品质建设贯穿物业管理的全过程，涉及各项物业服务职能。本节选择的情景及其分析主要涉及装修监管、保洁服务和招聘管理等三个方面，下面分别分析这几项职能与物业服务品质建设的关系。

（一）装修管理是物业服务品质建设的重要基础

装修管理是客户收房后物业服务企业首先要面对的问题，我国当前物业管理中存在大量装修违规的现象，物业服务企业在此阶段也就面临着巨大的压力。如何引导客户遵守装修管理相关法律法规，是保障房屋质量、提升物业服务品质头等重要的问题。装修违规主要表现为私拆承重梁柱、擅自改用管道和违规封闭开放阳台等现象。由于装修违规问题频繁，行政主管部门执法力量有限,而物业服务企业又不具备强拆权力,违规装修导致的纠纷又要求物业服务企业的介入,因而物业服务企业必须在现有职权范围内加强装修管理。装修管理也是物业服务中心"确定规矩"的机会。所谓万事开头难,装修管理作为客户和物业服务企业之间第一次涉及深刻利益关系的合作与博弈,如果物业服务企业规范管理,可以为今后物业服务工作开展奠定良好的基础。规范有序的装修管理本身也是为了维护房屋的品质,保障了全体客户的长远利益。

(二)保洁服务事关物业服务品质建设的基本内涵

保洁服务是物业服务职能中最为直接和频繁的项目。保洁服务包括地面、墙面、楼道进出口、垃圾桶及垃圾堆放等,保洁服务与客户日常生活紧密相关。优质的保洁服务让人对物业产生良好的第一印象,反之,可能产生深远的负面影响。保洁服务做得好与不好,往往会产生立竿见影的效果。从这个意义上说,保洁服务就是物业服务品质建设的基本内涵。当前物业服务中保洁人员文化素质总体不高,是物业服务品质建设面临的基本现实。保洁管理还存在保洁人员工资低、队伍不稳定等问题。保洁部是物业服务企业人员最多的部门之一,是构成物业服务成本压力的重要来源。在现代物业服务发展背景下,随着新型设备和技术的投入,物业管理对保洁服务的质量、技术、人员及成本管理提出了更高的要求。

(三)招聘制度为物业服务品质建设提供人才保障

物业服务行业属于人力资源密集型行业,物业服务人员的素质直接决定了物业服务企业的服务能力,从而决定了物业服务水平。因此,物业服务企业的招聘管理与物业服务品质建设具有密切的关联。招聘制度建设是提升招聘管理水平的基本要求,科学有效的招聘制度有赖于企业的服务实践和管理水平。一旦制度建立,物业管理招聘过程要严格执行,为企业招揽优质的人才,为形成高素质物业服务人才队伍奠定基础。当然,不同岗位对人才的要求是不一样的。比如,保洁员和秩序维护员对文化水平要求不高,但保洁员一定要勤勉踏实、任劳任怨,秩序维护员一定要遵纪守法,具有高度的责任心。在执行招聘制度的过程中,要把握物业服务企业选人用人的基本标准,既要遵守招聘制度的基本原则,又要有一定的弹性,把好人才入口关。

二、臻质之物业服务情景实例分析

实例 1:拆除承重部位引发的纠纷

【情景描述】天瑞尚城某栋 10 楼业主投诉,其楼下业主在装修时拆掉了厨房的大梁,要求物业服务中心进行制止。管理员小陈赶赴违规装修现场,要求装修人员停止施工,后打电话给该户业主进行沟通,业主表示拒绝,他认为室内装修是自己的事情。小陈一方面通知秩序维护人员对该户装修人员出入园区进行限制,另一方面跟业主讲住宅管理规定、拆除承重梁可能导致的严重后果等。在与业主第四次沟通后,业主的态度终于出现转变。小陈趁热打铁,希望业主让装修工人把敲掉的部分承重梁恢复原样,业主表示同意。在 9 楼的厨房大梁恢复后,小陈走访了 10 楼业主,察看了其房内与 9 楼厨房大梁连接的地面,确定没有影响。小陈对 10 楼业主表示感谢,认为该业主的投诉非常及时,欢迎其对物业服务中心的工作进行监督。

【情景分析】拆除承重梁属于住宅室内装饰装修活动中明令禁止的行为,该种行为会严重危及房屋的安全。对于缺乏相应专业知识的业主,物业管理人员应讲明后果以及法律法规的相关要求。对于已经产生破坏的行为,一定要督促及时整改,并确保整改质量。如果情节严重的,须请专业机构和执法部门介入,严肃处理。本例的教训是要严格做好装修房屋的日常巡查管理,避免出现重大违规行为。

实例 2：杜绝违规安装空调的技巧

【情景描述】 一天，管理员小郑在巡查 17 栋时，发现装修户 805 的空调安装在外天井上，该装修户显然没有按照预先设计要求安装空调，而且还占用了楼栋的公共部位。小郑通过电话与该户业主取得了联系，指出其空调安装的问题。业主辩称，为什么不事先说明，现在木已成舟。小郑亲自上门，给业主指明了装修管理协议中的有关条款，并介绍了相关法律法规。业主虽然承认了违规行为，但迟迟没有整改，并特别强调事先说明的重要性。后来，小郑多次上门，好言相劝。业主终于被小郑专业且真诚的态度感化，重新按照要求对墙体进行整改，并按照要求对空调进行了移位。

【情景分析】 违规安装空调在装修管理中非常常见，不按照要求装修不仅会损害楼栋的整体形象，而且存在安全隐患。本例中，业主显然违反装修管理法规及装修管理协议，应承担相应的责任。虽然业主关于未事先统一说明的主张是不符合事实的，但是也为提升物业服务质量提出了更高的要求：一是在业主办理手续并签订装修协议时，管理员要特别强调诸如空调安装之类的注意事项，提醒业主特别注意；二是加强装修管理的日常巡查工作，做到早发现、早制止，这样可以减少业主损失，降低阻力；三是从业主的角度着想提升规划设计的合理性，并特别注意早期装修户的规范工作，以发挥其示范效应。本例中管理员小郑在处理装修问题时做到了有理有节，特别值得称道的是，他多次态度友好地与业主进行积极主动的沟通，最终该户业主恢复了空调位置。物业服务工作有很多时候没有特别的技巧，只要态度好、多沟通、勤跑路，很多复杂的问题都会得到有效的解决。

实例 3：规范操作可以减少后续管理的阻力

【情景描述】 锦园 26 栋 803 业主来到物业服务中心办理装修手续，楼栋管理员小郑热情接待了业主。小郑首先查验了业主提供的材料,然后摊开该业主房屋的设计图纸,重点指出避免私拆承重墙、阳台和窗户等装修注意事项,最后签订装修管理协议。业主满意地离开了物业服务中心。大约一个月后的一天上午,小郑开展日常巡查工作,在 26 栋外面,发现 803 号房的窗户外凸,与楼栋整体形象极不协调,违反了锦园装修管理规定。随即,小郑来到803 号房沟通。小郑向该业主指出其窗户装修的违规行为,并从物业整体形象会影响楼盘品质的角度给业主做思想工作。业主当即承认其违规行为,并承诺按照要求进行整改。一周以后,小郑发现 803 房的窗户恢复了正常。

【情景分析】这是比较常见的业主违规装修案例,业主之所以很配合地按照管理员的要求进行整改,关键在于办理装修手续的规范操作。管理员在办理装修手续时,对于装修中常见的问题一定要向业主特别说明,并签订装修管理协议。在现实的装修管理中,有很多业主之所以违规装修,是因为其法规意识淡薄和专业知识缺失,有些业主声称管理员没有事先说明,有些责怪管理员不提前制止导致较大的损失,从而给违规装修整改带来阻力。因此,管理员在办理手续时,规范操作,提醒业主特别关注这些常见问题,可以较大程度上规避违规装修的出现,在违规装修出现时也可以减少整改阻力。当然,本例中管理员扎实的专业知识和严谨的职业精神也是值得学习的。

实例 4:加强装修前的指导工作

【情景描述】为了提升楼盘品质,玉园的毛坯房中安装了煤气报警系统。该系统属于暗装走线,但是很多装修户在装修时胡乱改线,从而导致煤气报警系统失效。管理员小李在巡查玉园 3 栋某装修户时发现,装修工人拆掉了房内的煤气报警系统。小李要求装修工人停止施工,并与业主陈先生取得了联系,指出其装修房内的违规行为,并要求及时整改。小李没想到引起陈先生的责骂,并打电话到物业服务中心投诉。陈先生认为管理员在办理装修时没有说清楚,导致他们施工损失。小李感到非常委屈。物业服务中心客服部例会上,大家对这个问题展开了讨论。原来类似的遭遇有几位管理员都碰到过,有的业主认为没有说清楚不能拆改墙壁,有的责怪管理员没说不能厨房挪位,等等。最后,主管说:"大家都在责怪业主不配合,有没有想过业主的说法有没有道理?我们是不是应该换位思考一下?"主管的话让大家陷入沉思……

【情景分析】业主装修违规是前期物业管理中频繁出现的问题,此阶段的监管工作令管理员倍感压力。多数情况下,业主之所以违规,并不是故意而为,是因为他们缺乏相应的专业知识。有的管理员认为:"我们不是在装修管理协议等相关文件中说得很清楚了?"但是由于业主缺乏相关知识,他们无法领会装修管理相关规定,从而导致违规行为。如果管理员能在装修之前与业主加强沟通,把工作做得仔细一点,就可以较大程度上避免出现上述违规行为。

实例5:强化节假日的装修监管

【情景描述】5月4日上午,景园物业服务中心管理员在巡查10栋时,发现某装修户阳台安装了阳台卷帘门。随后,管理员小陈跟同事们沟通得知,该装修户是在五一小长假期间安装的。因为小长假期间,各部门休假人数较多,监管不力,给该违规业主提供了可乘之机。后来,小陈与该户业主多次沟通,要求拆除阳台卷帘门,都没有取得预期的效果。有人提出强拆,但这属于以暴制暴的违法行为,物业服务中心没有执法权力。如要强拆,须经执法部门许可,但现实中执法部门大都不愿介入。最终,此事以业主签订承诺书,做出不随意使用阳台卷帘门的承诺而不了了之。

【情景分析】业主利用节假日违规装修,部分是故意利用假期物业服务中心人力松懈的漏洞,也有部分是因为假期刚好有时间开展装修。不管怎么样,物业服务中心加强节假日监管是关键。物业服务中心在安排节日值班时,应该强化值班人员对违规装修的特别关注,增强节假日值班人员的责任意识,做到有问题及时汇报,并迅速予以制止。

实例6:疏胜于堵

【情景描述】天瑞尚城4栋某业主在装修时大幅度改装室内消防、煤气等系统,管理员多次上门制止,劝说业主不要违规装修,以免给房屋使用带来安全隐患,但是没有取得预期效果。业主执意认为,室内消防、煤气系统线路走向不合理,而且又不影响别人。项目经理派工程部小黄到现场处理,避免出现技术故障。小黄察看了现场后,向装修人员介绍室内各系统的线路布局,帮助他们重新设计线路走向,并对他们提出了工作的注意事项。小黄的做法得到装修人员和业主的一致欢迎。装修前后,该业主家中没有出现过消防、煤气等系统的故障问题。

【情景分析】室内属于业主的专有部位,只要没有重大违规,物业服务企业一般没有必要进行干涉。本例中,管理员按照较高的管理要求对业主进行干涉,但是未能取得预期结果。小黄改变了策略,既然业主决意要改,就当他们的参谋,帮助他们重新设计,监督施工过程,避免出现不良后果。管理要学会权变,在不违反原则的前提下,要学会因人因事因时做合理的调整。本例另外的启示是,熟悉室内相关系统是能力问题,掌握相应的专业知识是应对本次管理问题的关键。

实例7:因势利导,规范双拼户的装修管理

【情景描述】天瑞尚城园区内有很多双拼户,就是一个业主购买两套相邻的小户型套房,然后合并成一套大户型的房屋。2006年建设部等九部委发布《关于调整住房供应结构稳定住房价格的意见》,其中规定:套型90平方米以下住房面积所占比重,必须达到开发建设总面积的 70％以上,俗称"90/70 政策"。8 栋 3 单元 7 楼就是这样的户型,业主封掉了北向套房的大门,将原北向房屋玄关部位作为空调机位,但是该部位未做防水处理。7 月的一天,6 楼的业主向物业服务中心报修,说他们家的天花板漏水。工程部人员接单后查看了现场,确定是 6 楼空调外机冷凝水回流渗透导致。6 楼业主修好渗漏部位总共花费两千余元。虽然在维保期内,房地产开发商认为这属于业主违规装修导致,不承担维修责任。后来,在物业服务中心的多次调解下,7 楼业主承担了赔偿费用,此事得以解决。

【情景分析】在"90/70 政策"实施之后,我国各地住宅地产项目中频繁出现了双拼户。在法无禁止及房地产销售怂恿的现实条件下,物业服务中心没有反对这种做法的权力。问题是双拼户通常会大幅度拆改内部结构,从而导致物业服务环境的混乱。因此,物业服务中心应该特别关注双拼户的装修施工设计,杜绝诸如本例的常见违规行为,以免为后续管理带来麻烦。本例另外的启示就是,管理员熟悉房屋结构、掌握相关的工程知识,在规范装修管理中会发挥巨大的作用。

实例 8:装修公司频繁违规,物业服务中心该怎么办?

【情景描述】小陈在巡查锦园 16 栋装修房时,要求业主停止违规封闭阳台的工作。正在现场的装修公司设计人员与业主一起表示反对,并试图说服管理员认可他们"完美的"设计思路。在日常物业服务中,业主违规装修通常出自其幕后推手——装修公司,因为他们会建议拆除承重墙、改变厨房位置、封闭外天井等。令人头痛的是,业主通常更愿意听取装修公司的意见,而视物业服务中心为对手。小陈进一步了解到,该装修公司在园区内承揽了多个业主的装修业务,通过与其他管理员进行沟通,该装修公司承担的业务中有多户出现违规装修的现象。小陈隐隐感觉到,在装修管理中与装修公司的沟通是必要的,而实际上装修管理仅仅通过与业主沟通来进行。

【情景分析】对于装修管理,物业服务中心应该做到:一是在办理装修管理手续时,要了解装修公司的背景,对于聘请装修公司或者自主装修的,引导他们科学设计、合法装修;二是对于频繁承担业务的公司,物业服务中心要与他们保持必要的沟通,引导其避免采取违规装修行为;三是对于频繁违规、不听劝告的装修公司,应该向当地房地产行政主管部门检举,辅助执法机构对其进行监管。

实例9:装修巡查工作的价值

【情景描述】锦园中法式合院307尚未交付,业主在查看房屋时,发现其房内天花板有六个洞,要求物业服务中心予以修复。管理员赶赴现场,经查看,确定是楼上新入住的407业主在装修时留下的。307业主要求恢复原样,并出具以后不能出现问题的保证书。而407业主表示,这是很简单的事情,简单修一下就可以了,愿意承担责任,但在外地经商,无法履行责任。这件事情反映了物业服务中心空关房(已销售但业主尚未收房)管理的漏洞,管理员没有严格按照工作要求开展日常巡查工作,导致了纠纷的发生。如能在407业主装修阶段发现,可以当即制止,或者予以修复原样。由于双方意见分歧,该纠纷尚未解决。

【情景分析】本例中物业服务中心面临困境的原因是装修管理和空关房管理的日常巡查工作缺失。在物业服务实际工作中,常规的工作很多物业管理员或不重视,或疲于应付,导致不能及时发现存在的问题。从根本上说,这是由于没有认识到日常巡查工作的价值导致的。日常巡查工作制度通常是物业服务企业在多年工作过程中总结而来的,是日常物业服务工作经验的结晶,因此,管理员要充分认识到日常巡查工作的重要意义。当然,对于不合理的日常巡查制度,物业服务中心要认真分析,进行适当的调整。

实例 10：别让"我以为"成为大误会

【情景描述】农历正月初四中午，物业服务中心接到 4 幢 1601 室业主的投诉：那天家里来了亲戚朋友，留他们在家吃饭，准备用自家腌制的咸鱼做一道菜。就去保姆电梯厅取咸鱼，却发现腌制了三四天的咸鱼连同盆子都不见了，业主怀疑是保洁员拿回家自己享用了。于是保洁部刘主管立刻去找该单元保洁员李姐谈话，了解情况后得知，业主将腌制的咸鱼放置在保姆电梯厅旁，离垃圾桶不远，因其散发出臭味，李姐误以为是业主丢弃的，未经询问确定，便将其连同垃圾一起处理掉。下午，刘主管和李姐在管家陪同下来到业主家，说明事情原委，并向业主真诚地道歉，取得了业主的谅解。

【情景分析】本例反映出保洁员对在公共区域发现遗留物品不重视、不主动上报、不熟悉当地风俗习惯从而导致的误会。保洁员服务能力不足是此类问题的关键。由于很多保洁员来自外地，不熟悉当地的生活习俗和方言，加上保洁员整体上文化素质不高，物业服务中心应加强相关知识的培训。

实例 11：业主的不满是我们改进管理的契机

【情景描述】小冯，锦园物业服务中心 18 栋和 22 栋的保洁员，入职一年了。随着 18 栋装修工作如火如荼地进行，部分业主开始陆续入住，这给小冯的保洁工作带来较大的压力。一天早晨，小冯如期在某单元电梯门口紧张地开始全天的保洁工作。突然，某业主打开大门："一天到晚就看到你打扫，地面还是那么脏，大清早的，让不让人睡觉啊。每年交那么多物业费，养你们干吗的……"业主的情绪越来越激动，话越说越难听。小冯当即停止了保洁工作，并向业主道歉。事后，小冯越想越委屈，这么努力的工作，还被业主骂，他将此事反映给了保洁部主管。保洁部和管理员针对此事展开讨论，达成以下几点共识：一是保洁工作的时间安排不合理，确实影响了业主的生活；二是部分装修户垃圾管理失序,频率较高;三是保洁员按照要求开展了工作,小冯的工作还是比较优秀的。既然找到了原因,就需要解决问题,这项工作需要多部门合作才能圆满解决。为此,在项目经理的主持下,针对该项工作做出如下安排:一是客户部要求装修户对装修垃圾进行装袋,并按照要求的时间和地点堆放;二是保洁部要重新安排保洁工作时间,避开业主休息、出入频繁的时段。

【情景分析】当被业主不理解的时候,作为一名称职的物业管理员,必须设身处地地为业主着想,反思自己的工作是否有需要改进的地方。因此,本例中物业管理人员针对保洁工作出现的新问题进行及时的调整是必要的。

实例 12:燃气公司违规施工导致的纠纷

【情景描述】锦园某栋顶层尚未交付,燃气公司根据该楼部分业主要求,拟整体移动煤气管道,在设备阳台屋顶打洞,因故停止施工,留下洞口。后来该栋顶层业主办理交付手续后不久,来到物业服务中心投诉,认为其设备阳台顶部存在创伤性破损,房屋存在质量问题,物业公司应承担维修责任。管理员认真查看现场,做好必要的记录,并向项目经理进行了汇报,确定该质量问题是燃气公司与其他业主私自施工导致屋顶破损。在管理员与燃气公司多次沟通后,敦促燃气公司承担维修责任。燃气公司与责任业主协商之后,共同承担了对设备阳台的修复工作。

【情景分析】对于业主反映的房屋质量问题,管理员首先要查看现场、拍照片、询问业主的要求等。本案处理过程中的关键点有三:一是该屋顶创伤性洞口是怎么来的;二是确定质量责任主体及其责任范围;三是如何确保业主满意。本案中其他业主和燃气公司私自拆改燃气管道,属于违规行为。虽然该栋顶层业主在交付时没有及时反映问题,为体现为业主服务的精神,物业公司应参与调解,协助处理相关事宜。本例中物业服务工作首先要求管理员具备必要的专业知识和认真负责的态度,准确确定质量责任主体。其次是做好协调工作,促使燃气公司履行维修责任。

实例 13:园区出入管理的规范

【情景描述】7 月 30 日傍晚,有几位访客进入园区大堂。当班礼宾员像平常一样对他们进行询问登记,得知他们是去某业主家拜访。礼宾员将访客引领至单元楼门禁可视对讲机处,呼叫业主予以确认,可视对讲无人应答。礼宾员表示业主不在家,如有急事麻烦访客电话联系业主。访客称业主欠其钱,是来讨债的,还拿出几张催讨单,扬言要上门张贴。礼宾员在与访客周旋的同时及时上报领班、队长处理。经过一番沟通,访客依旧态度强硬,队长当即报警,随后警方介入此事。事后管家告知业主事态的发生及处理过程,业主了解后非常感谢,认为物业公司安全服务工作落实得很好,住在这里很有安全感。针对此类事件,秩序维护部及时召开内部会议,以此事件为案例,以会代训。要求大堂礼宾员、管家加强与住户的沟通和信息共享,更全面地了解和掌握有关情况。住户一旦提供"不受欢迎人员"的名单,门岗要严格限制其进入园区。劝说登门讨债的债主择地与住户协商,或者通过法律途径解决经济纠纷。若发现债主情绪激动或采取过激行为,迅速报警寻求公安机关的协助。管家及时提醒住户告知讨债之事,注意人身安全。

【情景分析】家是港湾,安全是基础,物业服务工作的意义在于铸就业主的品质生活。当班礼宾员工作认真,严格按照礼宾员岗位职责,对进入园区的访客询问登记,并陪同引领,以防闲杂人员进入园区。当访客情绪激动时,依然不卑不亢地向其做好解释工作。队长及时报警,借用警方力量使一场争执得到圆满解决,在该事件的处理过程中体现出秩序维护部良好的应急应变能力。

实例 14：外立面管理的技巧

【情景描述】景园物业服务中心管理员小陈从当值秩序维护员处获得消息，2 号楼某业主家里的装修工人带着栏杆要进入园区，小陈要求秩序维护员不予放行，同时来到该业主家里，说明阳台不能改造的规定。业主说，只是加高 20 厘米，而且颜色一致，影响不大。小陈说，阳台栏杆及外立面不能更改是《业主临时管理规约》《装修管理协议》等文件明文规定的，外立面管理是物业服务中心的基本要求。业主又说，阳台不加高，可能带来人员安全隐患。小陈说，如果不注意安全问题，加高的阳台同样会有危险。后来小陈与业主多次软磨硬泡，同时与秩序队员沟通协调。最终，业主放弃了阳台改装的计划。

【情景分析】外立面统一管理有利于提高楼盘形象，提升房地产附加值。外立面统一管理是许多高端物业追求服务品质的基本要求。在物业服务实践中，外立面统一又是物业管理的难点。要做到有效制止部分业主私自破坏外立面，需要各部门的密切配合，其中管理员和秩序维护员在该项工作中至为关键。一方面要求园区各进出口秩序员站好岗、把好关，严防违规材料进入园区；另一方面在业主有违规苗头时，管理员要与业主有效沟通，促使业主停止违规行为。当然，在办理装修手续时，管理员一定要特别提醒业主，避免违规装修。

实例 15：关心秩序维护员，妥善处理物业服务冲突

【情景描述】早上 8 点，锦园某业主驾驶车辆准备外出，但在临近地下车库出口时停了下来，因为业主汽车感应条码失灵，导致安全栏杆不能正常升起。业主打开车窗，要求秩序维护员小汪启动安全栏杆，予以放行。由于该业主汽车感应条粘贴偏向，小汪没有看到，他按照秩序维护的相关管理规定要求业主登记。为此，该业主气冲冲地下车，冲着小汪一边骂，一边动手推

搡,小汪被推倒在地。小汪的队友及时赶到现场,和其他路过的业主一起劝说双方,暂时平息了这场冲突。张队长在接到电话后赶到现场,询问业主和秩序维护员,弄清基本情况之后,对业主说,秩序维护员的工作是按照规定做的,感应条坏了要及时修理,打人是不对的。业主辩称,没有打人,只是推了几下而已。业主同时对自己的行为向张队长和小汪表示歉意。后来,张队长带小汪到医院做了身体检查,没有发现问题。张队长在后来的例会上进行了说明,对小汪进行了表扬,并请求相关部门协助向公司进行汇报,申请嘉奖。至此,这次冲突有了圆满的结局。

【情景分析】秩序维护员是小区的守护者,承担着保障业主人身及财产安全的任务。在日常工作中,秩序维护员的工作不被业主理解,甚至有时会受到人身攻击。一方面,物业秩序维护员绝对不能因为觉得有理,就与业主打架;另一方面,在物业秩序维护员受到委屈时,管理者应及时跟进,维护秩序维护员的利益,这样才能确保秩序维护团队的稳定。当然,管理者还应系统地从各方面进行工作改善,避免此类冲突的发生。

实例 16:善待业主的前提是要善待员工

【情景描述】农历年三十零点,物业服务中心李经理和秩序维护部陈队长开始巡查各岗位值班情况。凌晨 1 点半,两位领导开车找到 24 小时营业超市,买了几大包水饺,带回员工食堂。两位领导亲自下厨,开火、烧水、煮水饺,一共 20 多碗。在同事们的帮助下,把水饺送到各个岗位。在寒冷的年夜,香喷喷的水饺吃在嘴中,值班的员工暖在心头。物业服务中心员工都很年轻,来到外地闯荡。他们都很勇敢,但也有脆弱的时候。因此,公司的关心显得非常重要。当公司管理者要求员工热情服务、礼貌待客的时候,是不是先要问一下自己:今天,公司善待员工了吗?假如员工心气不顺,又如何能自觉规范行为、提高服务水平?御园物业服务中心用具体行动践行公司的要求,真心地与员工沟通和交流。

【情景分析】员工是企业的主体,只有让员工体会到领导和同事的关爱,才会有对企业的归属感,才能在各自岗位上用心工作。员工家里有困难组织捐款,每月一次的员工生日会,定期的员工春游秋游、运动会,等等,让每一位员工体会到企业的温暖。爱是分享,爱是力量,爱是承担,爱是荣耀。在"发展企业,关爱员工"的理念下,相信物业服务企业会不断提升竞争力。

实例17:为捍卫物业服务价值奋不顾身

【情景描述】下午5点左右,景园南门秩序维护员小李发现12栋203号业主正在向装修房内搬运窗户。小李正在思考该窗户的用途时,业主已不由分说地将其中两个窗户搬入了房内,小李跟着来到该装修房,从搬运工人处得知该窗户用于封闭阳台。随即,小李将另外两个在门岗外的窗户扣留下来,并向队长做了汇报。晚上6点半,物业服务中心工作人员拨通了12栋203号业主的电话,告诉他们封闭阳台属于违规行为,要求其将窗户搬走,业主拒绝接受意见,执意继续封闭阳台。晚上7点,当值秩序领班小宋在请示了物业服务中心的领导后,与小李一起,将搬入室内的两扇窗户搬出了南门岗。这时,业主一行七人开着车刚好回来,他们一边训斥秩序维护员,一边七手八脚地把四扇窗户装入车内,试图将装好窗户的车子开进园区。小宋和小李没有退缩,他们一边跟业主讲道理,一边拦在车头。司机多次发动汽车,加大油门,两位秩序维护员不为所动,甚至躺到地上。僵持了一段时间后,业主的情绪渐渐平复,最终妥协了,掉转车头,拉走了窗户。

【情景分析】保持楼盘外立面的统一是高品质房地产价值的重要标志,前期物业管理中根据开发商的要求不封闭阳台是物业服务的重要工作。随着业主装修工作的开展,面对众多业主的不同诉求,这是对物业服务能力的严峻考验。优秀的物业服务之所以有良好的品牌价值,主要来自员工的坚持,小宋和小李是这样做的,他们做得很好!

实例 18:我们就是一家人

【情景描述】一天深夜,秩序维护部小张骑着电瓶车上班被一辆小汽车撞伤。正在值班的秩序维护班长小王马上报警并向秩序维护队陈队长做了汇报,陈队长随即赶赴现场,救护车到来后由小王及肇事者妻子一起陪同前往医院,陈队长则代表小张与肇事者到交警队协助处理,做完笔录之后,陈队长又来到医院看望小张。事故直到零时 4 点才预处理完毕,双方约好第二天一起到交警队继续处理。第二天中午,保险公司及交警队正式出具了查验及责任报告,认定应由肇事者承担完全责任。肇事者则情绪激动,拒绝赔偿。陈队长据理力争,与肇事者坦诚沟通,终于使车主心服口服,下午 5 点问题得以圆满解决。

【情景分析】爱是一种付出,更是一种能力,这种能力的力量之源就是团队的关心。当我们同事遇到困难的时候,我们应该义不容辞。作为管理者,理应竭尽所能,维护下属权益。这就是高端物业人性化管理的要求。

实例 19:保洁大姐的创新工作

【情景描述】每当下雨的时候,锦园的风景显得格外迷人。不过,这也是保洁大姐们最为繁忙的日子。由于前期设计的瑕疵,锦园园区内绿化带与园路之间缺少隔离,随着雨水的冲刷,绿化植被根部的土壤及枯枝败叶渗透到园路的大理石地面。如果有人从上面走过,鞋底会将污物带到其他区域,同时还存在安全隐患。雨后的清污工作给锦园物业服务中心保洁部门带来较大的挑战。保洁部门在工作中不断改进方法,总结经验,确定在每次雨后及时开展清污工作。这样做的理由:一是节省水电,利用地面的积水冲刷园路,减少了自来水的使用;二是节省人力,如果地面风干,园路上的污物会黏结在大理石地面上，导致更大的工作量。锦园物业服务中心保洁部门将保洁大姐们这种雨后及时清污的工作方式推广到整个园区，取得了较好的工作成效。

【情景分析】衡量一项物业服务工作的创新通常有两个标准：一是是否提高了工作效率；二是是否符合工作标准的要求。锦园物业服务中心保洁部的创新无疑是符合这两项要求的。管理创新无处不在，保洁服务是这样，物业服务的各个环节都是这样。

实例 20：讲人情的前提是符合制度要求

【情景描述】上午，张队长接到朋友打来的电话，说是要推荐一个优秀的小伙子过来做秩序维护员。张队长最近正在为秩序维护队人员不足的问题犯难，就同意了安排面试。下午，一陈姓青年来到物业服务中心，张队长接待了他。小陈长相标致，25 岁，高中学历，语言表达流利，各方面条件还不错。张队长跟小陈交流的过程中，注意到一个细节，小陈手腕部有密集的文身图案。因张队长的要求，小陈说以前不懂事，上身有大面积文身。这可是秩序维护员形象要求所不允许的。小陈综合条件不错，又有朋友的请托，张队长很纠结，但还是委婉地说："如果没有文身，我们是很欢迎你的。"后来，张队长给朋友回电话，说明了原委，获得了他的理解。

【情景分析】公司规定是作为一名管理人员行为的准则，遵守公司规定是对物业从业人员的基本要求。在中国，很多时候我们要讲交情、给面子。在人情和制度之间，在变通和准则面前，张队长做出了正确的选择，他严格遵守了公司招聘制度，维护了公司的整体利益。

实例 21：严格遵守招聘制度

【情景描述】2 月 14 日，秩序维护部陈队长接到辖区派出所电话，称新进人员陈某是在逃犯，他当晚赶往派出所了解情况。经了解，陈某是 2 月 2 日犯事,2月10日刑拘上网,2月14日被蒲鞋市派出所抓获。陈队长于第二天到看守所交还陈某的私人物品,让事情圆满解决。春节前后,公司辞职人员增多,其中以秩序维护部队员最为严重。御园物业服务中心秩序维护部因春节后人员缺编严重,在招聘时就放低了要求,没有严格按照公司招聘的程序执行,导致逃犯变成员工的情况。这样不仅可能给日常物业服务带来影响,还损害了公司的形象。

【情景分析】制度是公司管理经验的总结,严格执行公司制度是规范管理的保障。公司招聘制度对新进人员管理的各个方面进行全面的规范管理,为确保员工素质奠定了基础。如果在特殊时期任意降低标准,删减步骤,就可能导致不符合要求的应聘人员混进员工队伍。本例就是一个教训,因为春节期间人员缺编,逃犯成了员工。如果危及业主和其他员工的安全,结果就更严重了。

实例22:严肃公司纪律,建设和谐的秩序维护员队伍

【情景描述】景园秩序维护员小赵和小李住在同一间宿舍。小赵是领班,脾气较大,经常训斥队员;小李是队员,部队转业军人,性格固执,素来不服小赵。12月的一天,小赵和小李因为琐事吵了起来,小李动手打了小赵,后来小赵被送到医院,诊疗费花了1000多元。秩序部队长了解纠纷的来龙去脉后,要求小李赔偿医疗费,并根据公司规定,对小李做出开除处理,同时要求小赵对其为人处世的方法进行自我检讨。年后不久,秩序维护部来了一批新队员。领班小赵仍然沿用原来的作风,甚至变本加厉,有几次试图动手威胁新队员,从而导致秩序维护队伍人心惶惶。队长根据小赵的表现,在向物业服务中心领导请示后,决定对小赵做劝退处理。队长跟小赵作了一番深入的交谈,希望他自动辞职,并通过自己的私人关系,推荐他到另一家中型物业服务企业做秩序队长,临行前叮嘱他一定要吸取教训并改变自己的为

人处事方式。小赵走后,物业服务中心对秩序维护部进行了岗位调整,并强调要形成和谐的人际关系,景园物业服务中心秩序维护部日趋稳定。

【情景分析】内部和谐稳定是保证一支秩序维护队伍战斗力的基础。显然,领班小赵和小李的行为对景园物业服务中心的和谐稳定有减分作用。小李严重违反公司纪律,小赵行为与其职位极不相称,物业服务中心对他们分别做出开除和劝退的处理是合适的。物业公司既要人性化管理又要保证队伍的战斗力,采取开除等强力手段往往是不得已而为之。秩序维护队长设法帮助小赵找到新工作也体现了人性化的一面。

第三节　臻悦之物业服务情景及其分析

一、臻悦之物业服务体验分析

物业服务体验主要是指服务对象对物业服务人员提供的服务的感知。感知服务质量理论系统研究了客户感知体验,本书运用该理论对物业服务感知体验进行分析。Parasuramn 等最早运用 10 个维度衡量客户感知服务质量[67],后来又缩减为五个:有形性、可靠性、响应性、真实性和移情性。下面按照这五个维度分析物业服务感知体验。

(一)物业服务的有形性

有形性指的是服务的有形部分,通常包括客服人员的外表和服务设备。物业服务的有形性主要指物业服务人员的形象和物业服务区域内的行为识别体系。物业服务有形性的基本要求是不同类型物业服务人员应有统一的服装、物业服务区域内应有相应的标志。更高的要求是,物业服务人员的精神风貌和形象要规范且美观。

(二)物业服务的可靠性

可靠性是指可靠且准确地提供所允诺事项的能力,并要求企业完成所承诺的服务。物业服务的可靠性是指物业服务对象能够可靠、准确地享受物业服务企业承诺提供的各项服务。随着现代物业服务的发展,物业服务由传统的以物为中心向以人为中心转变,客户信赖日益成为衡量物业服务质量的关键指标。因此,物业服务的可靠性是现代物业服务质量的基本要求。

(三)物业服务的响应性

响应性指企业随时帮助客户并迅速提供服务的意愿。物业服务的响应性是指物业服务企业要在合理的时间范围内为服务对象提供服务。比如,电梯困人时要求物业服务企业半小时内到场并实施脱困,急修项目要在十分钟内到场等。物业服务与人们的生产生活紧密相关,物业服务的响应能力可用来衡量物业服务企业捍卫服务对象生命财产的能力。

(四)物业服务的真实性

所谓真实性,是指客服人员有知识、有礼貌,以及能够增强客户对企业服务质量的信心和安全感的能力。物业服务的真实性反映了物业服务企业为客户兑现承诺并构建可信形象的能力。真实可信是人与人之间建立关系的基础,物业服务主客体之间同样需要真实可信的关系。现代物业服务背景下,物业服务企业需要通过制度化的服务体系保证物业服务的真实性。

(五)物业服务的移情性

所谓移情性,是指企业给顾客以关爱和个别注意的程度,真诚地关心客户,了解他们的实际需要,从而使整个服务过程富有"人情味"。所谓爱屋及乌,说的就是这个道理。物业服务的移情性体现了物业服务对象情感的复杂性。现代物业服务环境下物业服务企业之间的竞争,关键在于获得客户的高满意度。物业服务企业想要获得竞争优势,仅仅做好基本服务是不够的,还要用心用情打动客户,为客户提供增值的服务。

二、臻悦之物业服务体验情景实例分析

实例 1:物业管理员一天的工作

【情景描述】丽娜,现为锦园物业服务中心 18 幢、22 幢、28 幢的管理员。晨会刚刚结束,丽娜就开始给业主打电话。跟业主沟通完后,她来到 22 幢 2 单元 307 房门前,发现昨天 308 业主投诉的楼道装修垃圾已处理完毕,就拿出工作手机拍照,这样做是为了充实昨天整理的资料,回去填单后就可以结束这起投诉。然后她对 308 业主进行回访。回访结束后,女主人将丽娜送到门口说:"谢谢你们物业,现在隔壁的建筑垃圾都清理掉,我们过道宽敞了。"这时 18 幢 1003 业主来电,该业主发现 1003 阳台的玻璃有一处破损,请物业服务中心帮忙处理。丽娜到达现场,发现是 1002 安装铝合金玻璃时把和 1003 共用的那一块玻璃拆掉了,马上联系该户业主,可业主去旅游了,答应回来后解决问题。于是,丽娜与工程部管理员进行了电话沟通,要求协助处理。同时,她在工作手机上做好记录,并回复了 18 幢 1003 业主。上午就这样过去了,丽娜刚刚吃完午饭,又有业主来电,28 栋 2 单元有部电梯停在 4 楼不能运行,于是,丽娜赶赴现场,设置了安全提醒标志,同时给电梯维修公司打电话催促他们赶快过来维修。下午有风筝节活动,她与同事早早来到现场,负责拍照,这时手机响起:"是管理员吗? 我家吸尘器坏了,你赶紧给我送个吸尘器来。"手机显示是 22 幢 1307 的业主,他家不是在装修吗? 丽娜想还是上门了解情况吧。她交代了一下工作,就急忙奔向 22 幢,由于今天活动,短短的一段路,她顺便捡了冰淇淋杯、冰条纸等扔进垃圾桶。进入 1307 室,业主正在用吸尘器处理建筑垃圾,丽娜耐心地跟业主解释,建筑垃圾会烧毁吸尘器。业主说:"我也是想试试你们能不能帮忙,没有想到你主动跑上来,我们很高兴

有这样一位好管理员。"同时也提出昨天晚上灯泡坏了,没有地方买。丽娜耐心解释小区前台配备了可以借用的物品,同时跟业主说:"今后灯泡再坏了,打电话给我。"业主笑容满面地说:"等我们家搬迁时一定请你来吃饭。""今天算是工作比较顺利的一天。"丽娜说。这就是锦园物业中心普通管理员一天的工作。

实例2:关注业主的服务体验

【情景描述】天瑞尚城3栋某业主到前台投诉,他们家的走廊很久没有打扫了。保洁主管小吕到现场察看,没有发现异常。不久,前台又接到该业主的投诉。小吕认真调查此事后得知,该业主早出晚归,而保洁员的保洁时间刚好避开了这个时段,早上业主出门时,卫生还未做,等到业主回家时,已做好卫生的地面可能又已经弄脏了。为此,小吕和保洁员做了以下工作改进:一是确保保洁工作的质量并合理调整保洁工作时间;二是利用节假日业主在家的时间做完保洁,请业主当场验收;三是把电话号码留给业主,如有问题,保洁员及时到现场做卫生。经过此番调整,小吕通过电话向业主进行回访,业主表示对其门外走廊的保洁服务质量表示满意。

【情景分析】本例中业主连续投诉的根本原因是,保洁服务缺少有形性,忽视了业主的服务体验。服务有形性是指物业服务企业能通过自己的有形环境、设施、工具、人员、信息展示等向顾客提示服务质量。有形性是衡量服务质量的重要纬度,增强有形性能加深业主对物业服务企业的质量感知。缺少有形性导致业主不满意在日常物业服务中很普遍。本例的启示是,除了做好物业服务本身,还要强化业主对物业服务的体验。

实例3:业主的"挑剔"是精致服务的动力

【情景描述】农历春节刚过,锦园已经入住的业主家中来访的客人明显增多。22 栋业主来到物业服务中心投诉，该栋南门的垃圾堆放点位置不合理，而且经常有散开的垃圾放在旁边，影响园区美观，也让他很没面子。一旦客人来访，他都是通过地下车库迎来送往。这位业主的"挑剔"，引起了锦园物业服务中心管理层的关注。郑经理和保洁主管调查了园区保洁工作，由于项目交付不久，垃圾点设置数量较少，原先购置的垃圾桶设计粗糙，与园区优美的环境的确不协调。为此，郑经理与上级领导进行了沟通，对园区垃圾回收点重新规划，增加垃圾堆放点，以楼栋为单位分散布局。同时，结合园区绿化特点，对垃圾桶重新设计，并向相关厂商订购。

【情景分析】"精致"是高品质物业服务的核心价值观，在日常管理工作中，践行精致服务是铸造企业品牌的关键。保洁工作是物业服务的基础性工作。对于本例中业主的投诉，我们要进行细致分析：项目交付初期垃圾点数量少且布局不合理是事实；垃圾桶比较难看以及业主要求较高也是事实。项目经理客观掌握这些基础资料，基于物业服务的品质要求和现实，做出重新布局垃圾点、更换垃圾桶的决定是合适的。这也是高品质物业精致服务的要求。所以，我们应该感谢那些"挑剔"的业主，正是他们的要求，提升了物业服务的质量。

实例 4：丢鞋的故事

【情景描述】一天，御园物业服务中心 3 幢管家小滕给保洁部周主管打电话，询问保洁员有没有捡到鞋子，因为一位业主丢失了三双鞋子。接到电话后保洁主管马上询问了该单元保洁员小郑，小郑说没有捡到。保洁部周主管将这一情况反映给了小滕。不久，周主管的手机接到一个陌生来电，接听后得知是丢鞋的业主，业主说自己前一天晚上 9 点将三双鞋子放到安全通道，当天早上发现鞋子不见了，"百分之九十九是你们保洁拿了，你必须给我一个解释"。周主管告诉业主，保洁员不大可能拿鞋子，并向业主表示会进行调查。

他又询问了其他的保洁人员,大家都表示没有捡到过。接着周主管将这些情况告诉了业主,并对业主的心情表示理解。下午,保洁员小郑跑来说:"鞋子找到了,是隔壁邻居保姆以为鞋子不要了想拿回家送人。"周主管马上将这一消息告诉了业主,业主说她已经知道了,并表示冤枉了保洁员,深感歉意。周主管也向她表示事情真相大白就好。

【情景分析】本例中幸运的是,保洁员找到了鞋子,澄清了事实。撇开这个结果来说,保洁主管没有偏信业主的推断,而是在职权范围内开展调查,并将调查结果及时向业主反馈,这个处理过程是合理的。作为管理人员,应秉持客观公正的态度,还要承担必要的压力,这样才能做好相应的工作。

实例5:提供物业服务如何保持灵活性

【情景描述】锦园法式联排别墅区的后院属于公共区域,院子前面是园区的围墙。在房屋销售时,业务员口头承诺公共区域赠予各套房屋业主使用。按照《前期物业服务合同》等相关规定,该区域属于物业服务企业代管的公共区域,后院的绿化是统一设计的。近来,锦园部分联排别墅区业主在装修时,擅自破坏绿化,扩大使用面积,这显然违反了装修管理规定。客服主管和管理员来到现场,有的业主声称,其装修管理并没有影响项目的整体形象。该业主的主张不无道理,后院的前面是园区的围墙,紧邻业主的房屋,没有业主同意进入,外人根本看不到后院。客服主管认为可以容忍这些业主的违规行为,遂向项目经理做了汇报,项目经理认为,既然不影响整体的外观,物业管理也可以存在一定的弹性。

【情景分析】物业服务的涉及面很广,管理内容庞杂。如果所有工作严格遵循事先的规定,那么物业服务工作就会举步维艰。在保障大多数业主整体利益的前提下,遵循基本的服务原则的基础上,物业服务工作要保持一定的弹性。这样既可以提高工作效率，也可以体现物业服务中人性化的一面。然而，本例的关键问题是破坏绿地是否属于违规行为？如果属于违规行为，物业公司有渎职的嫌疑。否则，可考虑统一变更规划，满足部分业主的要求。

实例6：迟到的生日礼物

【情景描述】12月15日，是御园5栋104女业主50岁的生日。这段时间，男业主陈先生特别繁忙，每天早出晚归。由于没有时间跟妻子一起过生日，陈先生在当天上午向礼品店订了一束鲜花，送到前台，当值人员做了简单的记录，并没有说明送花的时间。傍晚，晚班人员接班后以为鲜花是某业主暂时存放的，没有把这件事情放在心上。晚上12点前后，忙碌了一天的陈先生回到家里，发现妻子很不高兴，原因是这么重要的日子连一句问候都没有。陈先生感到很歉疚，同时对物业服务中心大为不满，随即拨通了前台的电话。礼宾人员这才意识到工作的失误，将鲜花送到该业主家中。只是鲜花送到的时候，已经是女业主生日后第二天的凌晨了。陈先生要求前台做出解释。第二天，管理员上班后，开始调查这件事情的来龙去脉，确定是沟通失效、记录不详的原因，并向经理做了汇报。经理与管理员一起来到业主家中，将此事的过程向业主详细地说了一遍，并表示了诚挚的道歉，然后，物业服务中心又订了一盒蛋糕，送给该业主，业主表示认可。

【情景分析】本例的启示有两点：第一，前台接收物品的过程一定要记录清晰，交接班人员应做好详细的交接班记录，并做好沟通，就可以避免出现这样的工作疏漏；第二，出现此类不愉快的事情后，一要客观调查事情的原因和过程，并向领导作汇报，二要对业主进行回访，说明失误的原因，并真诚地道歉，获取业主的认可。这一正一反的教训，值得管理员学习。

实例 7：服务过程的意义

【情景描述】锦园 26 栋 305 的装修持续了两个多月。一天，物业服务中心接到该户业主投诉，该业主家中卫生间墙体内的水管爆裂，导致其新铺设的地板整体进水，损失达数千元。业主认为，水管质量不好，而且属于公共水管，导致其装修受损，物业服务中心应承担完全责任。管理员小郑察看了现场，询问业主及装修工人之后，记录、拍照。小郑当即确定，该爆裂水管属于业主专有部位，对该故障的处理属于房地产开发公司和业主之间的问题。小郑告诉业主，如果能证明水管本身质量有问题，维修包修养期内，房地产开发公司应该承担完全责任。业主认为小郑说得有道理，希望物业服务中心协助其处理该问题。在 803 业主与房地产公司交涉的过程中，物业服务中心秉持客观公正的原则，实事求是地说明事情的原委。后来尽管由于业主不能证明水管本身有质量问题而独自承担责任，但还是对小郑的工作表示满意。

【情景分析】在日常物业管理工作中，有很多纠纷与物业公司没有直接关系，由于物业服务工作的复杂性，导致物业公司被牵涉其中。在这种情况之下，管理员应积极参与，弄清纠纷的基本事实，与业主及相关责任方细致沟通，明确责任主体。同时，管理员应该积极协助纠纷主体之间处理问题，以求问题的解决，达到各方满意。本例的启示在于，即使不能解决问题，也可取得业主的谅解。很多时候，以良好的态度参与服务过程，可能会比结果更有意义。

实例 8：服务业主无小事

【情景描述】上午 9 点 3 分，管理员小张接到 3 栋某业主电话，该业主的汽车钥匙掉到电梯缝里了。小张即刻赶赴现场勘查得知，业主在 29 层电梯开门进入时，不慎将拿在手中的车钥匙滑落到电梯门缝中，该业主仅有这一把车钥匙,因此非常着急。小张安慰业主不要心急,物业服务中心会尽全力找到钥匙。小张立刻联系了电梯厂家的专业售后服务人员,说明情况后,征询了相关安全注意事项,并与同事们一起寻找。由于电梯经过的楼层过高,钥匙掉落的位置无法确定,这给寻找增加了难度,工作人员先后下电梯井三次,并调取监控录像,同时逐层仔细寻找,花费了两个多小时,终于在15层的电梯门槛边缝中将钥匙找到,业主表示非常感谢。

【情景分析】为业主提供优质的服务是物业服务企业理应追求的目标,物业服务人员协调相关部门快速反应、积极落实,确保快速解决业主需求,让业主体验到尊享的服务,最后得到业主的认可与感谢。

实例9:沟通的基础是信任,信任的基础是付出

【情景描述】景园1号楼1102业主要装阳台,管理员小徐按照物业服务中心的要求,告诉该业主高度不可超过栏杆、玻璃颜色应该是透明的等要求。一天,该业主家的装修工人在施工时,被巡查的秩序维护员看出问题。小徐接到报告后,来到1102,发现栏杆外部钻开了好几个作为玻璃固定点的洞口,工人们正在窗外施工。管理员要求停止施工,但被拒绝。于是,小徐对在场的业主做起了工作,告诉他如果玻璃装在外面,万一掉下去,可能会有严重后果。同时内部的栏杆很方便攀爬,小孩子出现意外的概率会增加。业主表示,他是按照外部尺寸预定的钢化玻璃,如果装进来,尺寸不符合,而这些玻璃共计花费近两万元。小徐说明了园区装修管理规定中的相关管理条款,并对没有全程监督表示歉意,进一步强调了安全的重要性,然后提出由物业服务中心工程部帮忙恢复栏杆的窗口等。经过一个多小时的劝说,业主放弃了原先的安装方案,重新预订玻璃,在内部安装。至于业主为什么在损失这么大的情况下这么快接受意见,小徐的解释是因为以前在业主办理门禁卡时,因忌讳卡号含有"4",小徐帮其成功换卡。

【情景分析】外立面统一是物业品质高的重要标志,外立面装修管理也是日常物业管理工作的难点。本例中当发现业主违规装修阳台时,小徐首先强调了安全的重要性,其次通过软磨硬泡、大打感情牌,取得业主的认可,最后通过工程部的协助,弥补了业主的部分损失。整个过程中很重要的一点是,业主认可了小徐的管理行为。因此,小徐认为办理门禁卡一事是重要的基础,是有道理的。本例的重要启示在于,业主对物业服务人员的信任来自他们日常点滴工作的积累。

实例 10:例外管理的麻烦

【情景描述】为了维护小区优美的居住环境,锦园是不准许汽车进入园区地面的。小汽车直接进入地下车库,货车通过地下通道载入货物。在物业服务中心全体员工的努力下,这项制度基本得到了贯彻。在 3 月的一天,14 栋 101 业主趁东门秩序维护员疏忽,径直将装满家具的货车开到了楼底下。当管理员和秩序维护员赶到现场时,该业主的家具已经开始卸货了。在 14 栋 101 业主的请求下,管理员只有允许他们卸完货物,且下不为例。然而,这个场景被 6 栋 307 的装修工人看到,装修工人随即告诉了他们的业主。6 栋 307 随即拨通物业服务中心的电话,把项目经理和管理员骂了一通,并要求物业服务中心给一个说法。原来,就在前两天,6 栋 307 业主为了搬运家具进来,被秩序维护员和管理员拒绝了,后来装修工人花了很大的力气,从东门到西区将近五百米的距离,仅仅依靠人工,艰难地完成了搬运工作。第二天,项目经理带着客服主管和管理员,来到 6 栋 307,向业主表示歉意,并说明了原委。6 栋 307 业主表示谅解。

【情景分析】本例启示如下:一是执行园区的物业管理制度要一视同仁,绝对不可随意地例外管理;二是当业主不理解的时候,最好的沟通方式就是谦卑、耐心和真诚;三是物业管理是一项系统工程,任何一个环节的疏漏,都可能导致整体工作的被动。本例中客服和项目经理的工作值得我们借鉴,秩序维护管理工作应该加强。

实例 11:沟通失效导致的业主投诉

【情景描述】临近年关,众多业主有装修管理需求,但物业服务中心装修管理规定须提前一周左右登记。一天,某栋业主给前台打来电话,询问安装电子锁相关事宜。接电话的管理员回答问题后,没有登记。大约一周后,业主再次来电,询问何时安装,管理员说没有登记,暂时不能安排。业主非常不满,于是拨打了该企业全国统一物业服务电话进行投诉。客服主管接手此案开展调查,询问物业服务前台,没有查到电话记录,当班管理员声称,业主当时只是询问,并没有要求进行安装登记。随后,主管通过电话与投诉业主进行沟通,首先表示对因工作不周导致业主不便进行道歉,并委婉地说明了事情原委,承诺优先安排安装电子锁。业主表示谅解。

【情景分析】本例是典型电话沟通失效导致的业主投诉。对于电话沟通,要注意以下问题:一是注重电话沟通礼仪,主动问好,多用敬语;二是认真倾听,必要时辅以提问,弄清业主诉求;三是做好电话记录,并向相关部门转达。对于比较复杂的事情,管理员应该登门拜访或者要求业主前往物业服务中心当面交谈,并做好必要的记录。

实例 12:坚守物业服务责任的底线

【情景描述】一天下午,2 号楼的业主开着宝马车从外面回来,快速开过门岗,秩序维护员小李正想上前提示,无奈车速过快。不久,小李听到砰的一声,他应声来到地下车库,发现刚才的宝马车撞到墙上了,汽车头部损坏严重,幸运的是司机没有受伤。小李协助该业主跟 4S 店做了善后工作。后来,该业主拿着修车发票找到管理员小陈,说是上次汽车维修费有七万多,要求物业服务中心承担三分之二的赔偿,理由是他撞车的地方没有安全提示。小陈不解为什么要承担责任。业主说:"我都没有买保险,对物业公司来说不算大的开支。"小陈说:"赔偿要有事实依据,物业公司没有过错,肯定不能承担管理责任。"业主说了很多,均被小陈严词拒绝了。

【情景分析】本例中的交通事故虽然发生在物业管理区域之内,但显然责任方是业主本人。业主损失较大,我们只能表示同情;业主认为撞车的地方没有安全提示,这不是事故发生的原因。在日常物业服务工作中,一旦发生涉及物业服务中心的纠纷,物业服务人员要合理捍卫公司利益,处理纠纷的过程应遵循以事实为依据、以法律为准绳的原则。

实例 13:锦旗后面的故事

【情景描述】走进景园物业服务中心会议室,迎面而来的是两面锦旗,落款都是 3 栋 501 业主,一面是赠给物业服务中心的,另一面是赠给管家小曾的。这令人好奇,到底发生了怎样的故事?故事要从该业主收房开始讲起。3 号楼当时只有 9 户交房,301 业主交房当天,物业服务中心办理手续一丝不苟,而且跟该业主讲了很多规定和要求,并签订了多份相关文件。501 业主李女士觉得过程太烦琐,而且发现其客厅天花板有灰层脱落现象,因而对物业服务中心的做法很是抵触,觉得物业服务企业只会找麻烦。管家小曾受理了天花板维修的工作,此后几天业主都不在景园居住,小曾联系了维保单位,每一道工序前后,小曾都会拍照。对关键的环节,小曾都把照片通过微信发给李女士,征询她的意见,并很快按照李女士的要求修好。接下来的日子里,小曾进行日常巡查时,发现李女士室内的盆景没人看护,她跟李女士沟通后主动承担起浇水及护理的工作。后来,李女士家的地暖改造,小曾忙前忙后,十来天的工程,李女士基本都委托给了小曾监督。李女士全家住进景园的那天,说要好好感谢小曾,小曾说:"应该做的,能得到业主的肯定就很满意了。"

然后,业主送来两面锦旗,说小曾工作做得太好了,对物业公司也满口称赞。

【情景分析】本例中没有惊天动地的故事,管家小曾在开展物业服务的过程中,日复一日,兢兢业业,做好每一个细节。本来对物业公司没有好印象的业主,就是在这个过程中逐渐转变了态度,锦旗正是业主情感的体现,这是对管家小曾的赞美,更是对高品质物业服务的赞美。

实例 14:精诚所至,金石为开

【情景描述】景园物业服务中心管理员小胡在巡查 5 栋时,发现 401 室业主将门口的管道井改成了鞋柜,已经完工。当即小胡与该业主取得了联系,指出其违规行为,要求进行整改。业主表示拒绝,认为这不影响管道的使用。小胡向主管汇报后,主管指示小胡跟进,督促整改。小胡利用每天巡查的时间,每次经过 5 栋 401 室时,特别关注业主是否在场。碰到男业主就讲管道井的功能及作用,碰到女业主就拉家常,诉说工作的苦衷。前后大约一个月,小胡与业主沟通了八次。终于,业主的情绪由抵触到变得和善,最后接受了小胡的意见,恢复了管道井的原样。后来,小胡与该户业主成了朋友。

【情景分析】本例中对于业主的违规行为,如果小胡在沟通无效后,发送整改通知书,甚至强力拆除,可能会迅速解决问题,但很可能导致业主对物业服务中心的敌视。小胡采取了一种看上去比较笨的方法,用情用心与业主沟通,不仅有效解决了问题,还取得了业主的高度认可。在高端物业管理中,采取这种柔性的管理方法会更为合理。

实例 15:剧组客人投诉带来的反思

【情景描述】在锦园,从西大门出门时,要先按开锁按钮,然后手拉大门,方可打开。进出园区的业主和工作人员是熟悉该门开关的。一天,某剧组办理了相关手续并到锦园取景,其中一位剧务人员从西大门离开园区,他按下开门按钮后,等了很久,却没有看到大门打开。于是,这位客人向门岗里面的秩序维护员寻求帮助,这位新来的队员隔着玻璃对客人说,可以直接开门出去了。然而,客人没有听到秩序维护员的声音。后来,秩序维护员以为客人离开便坐了下来,客人又等了很长时间,对门岗非常不满,来到物业服务中心,投诉该门岗秩序维护员的不负责任行为。前台管理员了解情况之后,与秩序维护领班进行了沟通。前台管理员表示歉意,并说明该秩序维护员是新人,不熟悉业务。客人并不满意这样的结果,他问管理员:"接下来,你们会有什么样的对策?多长时间会有处理结果?""15分钟内会有管理人员到现场进行调查,纠正秩序维护员的失范行为,并记录报备。"客人半信半疑,再次和管理员来到西门岗,恰好碰到秩序维护领班在调查这起投诉,当着客人的面,管理员批评了秩序维护员,秩序维护员真诚地道歉。这位客人遂转怒为喜,并对物业服务企业的高效、规范表示赞许。

【情景分析】本例对物业管理工作带来正反两个方面的启示:一方面,物业服务中心没有对新进员工做好培训,低级失误有损物业服务企业的形象;另一方面,前台管理员和秩序维护主管有条不紊、富有效率的投诉处理,挽回了物业公司的声誉。

实例16:创设"全员保洁日",改善园区保洁管理

【情景描述】保洁部承担着园区的"脸面"工作,保洁工作直接体现了物业管理工作的成效。无论是刮风下雨,还是烈日当头,都可以看到保洁员辛勤工作的身影。保洁员不仅工作辛苦、薪酬偏低,有时还不被业主甚至是管理人员理解。锦园物业服务中心为了体现分工不分家的服务精神,加强员工之间的感情联系,倡议全体员工在每月第一周周二下午开展全员保洁活动。物业服务中心全体员工分成四组,分赴园区内的四个区域清除卫生死角,进行园区大扫除工作。该活动要求项目经理带头,除了值班人员全部参加。"全

员保洁日"活动旨在提高全体员工对保洁工作的重视,深刻体会保洁人员工作的艰难,提升全员的物业保洁意识。

【情景分析】锦园物业服务中心"全员保洁日"是对物业服务"人过地净"文化的延续和提升,不仅体现了物业服务的核心价值观,还是"全员管理"理念和方法在物业服务实践中的体现。"全员保洁日"活动的成功开展,要求物业服务中心领导的足够重视和身体力行,也离不开全体员工的积极参与。如果能以制度的形式确定下来,必将极大地改善锦园的保洁管理工作。

实例 17:巧用业主之间的影响力

【情景描述】景园 1 号楼 502 和 902 两家关系密切,两家的男主人是"发小",两家的女主人情同姐妹。在管理员小徐看来,两位女主人差别较大,502的女主人话很多、喜欢较真、比较讲道理,对小徐很信任;902 的女主人原则性不强,也不大讲道理,跟小徐关系一般。在两家关系中,502 的女主人对 902的女主人影响较大。以前,小徐代收水费电费时,习惯从顶层开始,逐层向下。在 902 碰了几次钉子之后,小徐改变了策略,从下面开始,当 902 女业主推托刁难的时候,小徐总是有意无意说出 502 的做法,每次总能够奏效。

【情景分析】沟通能力是物业管理员的基本素养,除了常规的沟通能力之外,还有一些小技巧。本例中,小徐正是利用了业主之间的影响力,借力打力,提升了物业服务效率。在业委会开始运作之后,这种人际关系的作用会显得更加明显。

实例 18:四次上门之后业主终于主动缴纳了拖欠的物业费

【情景描述】年底的一天,御园物业费收缴工作接近尾声了,管理员小曾负责的 4 栋 304 业主陈先生迟迟未缴费,而且该业主还拖欠了前一年的物业费,共计超过 7 万元。该业主没有常住在御园,他的工厂在邻县。项目经理注意到该业主欠费的情况，给小曾派了两名秩序维护员，要求他们到业主工厂催缴。小曾一行根据地址找到了工厂，业主没有出面，财务人员小李接待了小曾一行，了解事情的起因后小李表示，他们老板出差了，要汇报后才能答复。小曾叮嘱小李，一定要尽快跟业主汇报，并表示明天再来。第二天早晨，小曾又来到工厂，这次小李说老板没回复，然后就不搭理小曾他们了。第三天同样。第四天小曾又来了，这次小李说，老板常年不住御园，没有享受物业服务，为什么要缴物业费。显然，老板跟他有了沟通。小曾抓住机会，给小李讲物业管理法律法规，摆事实、讲道理，还讲了她工作中的难处。小李为之所动，表示一定跟老板反映。小曾表示，年关临近，任务还没完成，如果没有收到物业费还会上门的。第二天早晨，一直没有露面的陈先生出现在御园物业服务前台，态度很不好，但还是缴清了拖欠的物业费。

【情景分析】在催讨物业费的实践中，这是特殊的例子，又具有一定的普遍性。说它特殊，是因为催缴对象、过程和结果的特殊性。然而，拖欠物业费的业主长期不露面、行踪难以捕捉、有认为合理的理由等，这些情况又是普遍的。对于物业服务中心来说，要做到有理有节：第一，催款通知书、电话催缴等手续要齐全，并留下证据；第二，要掌握业主的基本信息，包括身份、电话、住址、出行规律等；第三，要熟悉相关法律法规，必要时对业主做说服工作；第四，要锲而不舍且态度谦和，保持物业服务形象，凭借坚韧的精神征服业主。

实例 19：物业服务中心巧断"家务事"

【情景描述】俗话说，清官难断家务事。作为每天跟业主打交道的物业服务中心，似乎不可能这么超脱。锦园项目某栋两户有亲戚关系的业主是楼上楼下的邻居，最近因为装修杠上了，"将厨房改到其卧室之上，风水不好""装修之前已经取得了楼下同意""为了买房，我借给你 20 万"……亲戚之间的纠纷，真是剪不断理还乱。后来，楼下的业主先后通过 400 服务热线、园区服务电话,甚至向区房管局进行投诉。事已至此,业主的这个"家务事",物业服务中心是必须受理了。管理员小张在察看现场之后,与两户业主分别开展了沟通,并做了详细的记录,然后拍照整理,向物业服务中心进行了完整的汇报。项目经理召集客服、工程等部门,针对此事进行了专门讨论,得出以下几点结论:一是楼上的违法装修,楼下的有违情理;二是处理该纠纷的依据是装修管理规定及装修现场的违规事实;三是楼上楼下的情感纠纷,物业服务中心有限介入。做出以下决定:一是楼上业主须对厨房移位,按照原设计图纸恢复原样;二是管理员分别拜访两位业主,重点是楼下的,缓和双方关系。后来,经过管理员的多次跟进督促,基本上落实了上述会议总结的措施,楼上恢复了厨房的位置,楼下的业主主动与楼上的业主互动,两业主之间紧张对立的情绪得到了缓和。

【情景分析】在物业管理工作中,有时面临的问题千头万绪,难以下手,物业服务人员如果贸然介入,可能"里外不是人"。所谓复杂的问题简单化,不是指以不负责任的态度应付问题,而是要在分析问题纷繁芜杂表象的基础上,透过现象看本质,抓住问题关键,寻求突破。本例中楼上业主明显存在的违法行为是基本事实,至于业主之间的情感纠纷,物业管理员应在处理违法行为的前提下尽力而为。

实例20:业主和搬运队的纠纷,物业服务中心怎样接招?

【情景描述】某栋业主与搬运队长来到物业服务中心,业主认为搬运队在施工过程中违规拆墙,导致自家的电话、有线电视和网络三网线路损毁,而物业公司与搬运公司有关联。因此,业主要求物业公司承担连带责任,必须对自己进行赔偿。搬运队长认为,其拆墙行为是应业主要求开展工作,不应承担全部责任。项目经理首先完整了解了纠纷的来龙去脉,结合近期巡查发现的搬运队的不规范行为进行了批评。搬运队长诚恳认错,业主情绪好转。然后,项目经理提出,由搬运队负责修复并保证工程质量。搬运队长应允,业主表示满意。

【情景分析】本案中业主和搬运队私自拆墙,原本属于违规行为。业主要求物业公司赔偿也是没有法律依据的,尽管物业公司帮助联系了搬运公司,但是并不是该纠纷的直接利益主体。当然,物业公司应参与调解,协助处理相关事宜。对于业主的违规行为,应委婉说明,以求达到业主满意。处理问题的基础是弄清问题原委,因此第一步是向纠纷双方询问纠纷的原因、现状及后果。本案处理过程中的关键有三点:一是厘清责任,确定相关利益方及其责任;二是委婉指出其不当行为,宣传相关法律法规及物业管理规定;三是尽力做到让业主满意。

实例21:一次公开表扬背后的努力

【情景描述】2号楼1801的业主长期住在美国,一年平均回来两次。年初,业主在出国之前跟物业服务中心打了招呼,并将入户大门的密码留给了物业管理员小陈,以应急。小陈在巡查2号楼时会特别关注1801,比如有没有漏水、室内清洁怎么样等,必要的时候,小陈还帮他们做卫生。快过年了,1801业主全家回国准备过春节,特地打电话把小陈请了过去。业主说:"今年回国两次,发现家里面都是干干净净、有条有理的,而且每次回来,门岗的秩序维护员会帮我们把随车物品搬到家里,所以要特别说一声感谢。"春节到了,他们要给小陈一个红包。小陈说:"能得到业主的肯定非常开心,但是红包是公司制度规定所不允许的。"后来,热情的业主通过物业公司统一客服电话表扬了小陈,肯定了物业服务的品质。

【情景分析】在日常物业服务实践中,当业主不满意的时候投诉的比例是很高的,而当业主满意的时候,表扬的比例并不高。这就意味着每一个表扬背后,都是物业服务人员和物业公司付出的巨大努力。正如本例中的管理员小陈,一次统一客服电话表扬的背后,是她一年努力工作的回报。作为一名优秀的物业服务人员,理应追求和珍惜业主的赞誉。

实例22:一次业主投诉的反思

【情景描述】一天上午,天瑞尚城某栋业主来到前台,投诉其楼下装修太吵,要求秩序维护员前往制止,认为以后周末才能装修。天瑞尚城统一规定,在工作日的上班时间装修。显然,这位业主的要求比较高,且与物业服务中心的规定相悖。客服人员认为业主无理取闹,冷冷地说了一句:"谁家都要装修的,我们不能管。"业主受了委屈,于是向统一客服电话投诉,这就把问题进一步复杂化了,项目经理介入调查后,亲自上门向业主道歉并说明了缘由。

【情景分析】本来是比较简单的一件事情,由于前台客服的态度,导致了一次统一客服电话投诉。如果前台客服在接待业主投诉时能够耐心解释,说明规定及其理由,业主拨打统一客服电话的可能性会大大降低。很多时候,业主投诉不仅仅是针对事件本身,很有可能是物业服务人员的态度导致,因为服务态度可以直接影响业主的情绪。

实例23:用真诚和耐心感化业主

【情景描述】锦园中法式合院属于高档联排别墅,单套价值在2000万元以上,居住在法式合院中的业主对物业服务的要求也就比较高。法式合院2号业主陈先生是一家中型外贸公司的老板,在本市政商界有广泛的人脉。自房屋交付到办理房屋装修手续,管理员与陈先生相处得还算融洽。2月初,陈先生向管理员提出,其入户的欧式拱门有碍风水,材质也不好,而且尺寸太小,要求自行扩建、更换。管理员没有答应,并给陈先生讲述装修管理相关规定。陈先生表示拒绝,拆掉了原来的欧式拱门,同时到工厂定制了一个大门,完工后耗费大约5万多元。客服主管多次通过电话、短信与陈先生沟通,但陈先生不为所动。一天,客服部周主管在装修现场碰到陈先生,当面向他解释不能换门的原因,讲到动情的时候,甚至流下了眼泪。陈先生被周主管的耐心和真诚所感动,停止了换门的行为。后来,陈先生和周主管成了朋友。

【情景分析】在日常物业服务中,我们可能会碰到各种各样的业主。有的管理员,碰到如本例中陈先生这样的成功人士,往往会无原则地妥协与退让,最终导致物业管理秩序的混乱。其实,所有的业主,无论贫富,他们有一个共同的追求:宜人的居住环境。只要我们真心为全体业主着想,怀着平常心,用心、用情与业主耐心沟通,总会得到业主理解的。

实例24:雨天的考验

【情景描述】7月18日,天下起了大雨。3幢某业主给管家打电话,称其家中进水。管家赶赴现场发现,业主家院内积水严重,雨水漫进房内,地面被泡了水。管家立即联系物业服务中心工程部人员来察看。经检查,检修人员认为花园地漏口过小导致流水不通畅,但暂时不能找到具体的堵塞部位,需要维修保养单位统一检修,预计一个月后才能完成。在此期间,只要下雨,物业服务中心的工作人员立即上业主家检查帮忙疏通地漏,由于地漏位置特殊,管家及工程人员都是翻墙而过,业主对物业服务人员每次冒雨到家中帮忙解决问题的态度非常感动。8月15日,工程人员将所有地漏装上铁丝网,防止堵塞,问题得到圆满解决,业主对此感到非常满意。

【情景分析】在日常物业管理中,很多事情需要相关部门的协调才能顺利解决,本例中的地漏堵塞需要维修单位介入。在问题得到有效解决之前,安抚并取得业主的谅解非常重要。因此,物业工作人员通过持续跟进,在下雨天气予以特别关注,避免业主继续蒙受损失。在这个过程当中,管理员的工作得到了业主的认可。

实例25：管家是怎样炼成的?

【情景描述】楼下的业主回来了。铃铃铃……我的电话响了,电话还未接,我已经知道他要说什么了,没办法我还是接起了电话。"楼上装修太吵了,好不容易回来几天,根本没法睡觉。"楼下业主没好气地说。其实装修师傅也是按我们的装修合同上的时间来工作的,只是因为楼下业主刚从国外回来,时差还没倒过来,白天都在睡觉。我接了电话立马跑到了楼上装修房内,跟师傅商量,这个业主一年也住不了几天,能不能稍微晚一点施工。师傅哪能听我的,他说不干活你给钱啊? 都是在赶工期的,他们也无能为力,让我打电话给楼上的业主。我挺无奈的,的确他们说的也没错,他们一切按合同做,没有违反约定。我只好硬着头皮打了个电话给楼上的业主,说明缘由后,没想到业主态度更强硬。他说,合同是你们要求签的,现在又来叫我不要施工,我是要赶着入住的,现在都住在宾馆里,要不钱你们来出。我被说得哑口无言,该怎么办呢? 这时电话铃又响了,我拿起电话看了又看,鼓起勇气接了起来,毕竟逃避是解决不了问题的。业主还是那句话,难得回来住几天,能不能不要这么吵。没办法我又硬着头皮,去装修户家里,跟师傅磨起了嘴皮子,说:"师傅,你能不能帮帮忙,早上做一些轻一点的活,动静不要太大的,下午再做一些动静比较大的,可以吗?"然后我就一直坐在那里陪他们聊天,师傅见我也不容易就答应了。我也顾不上什么累不累了,马上打了个电话给楼下的业主,让他早上好好睡觉,不必担心吵闹的问题。业主当时很开心地说了声:"小项,辛苦了。"我已经不知道什么是辛苦,只觉得一身轻松,心情愉快。

【情景分析】物业管家是一项要求很高的工作,管家工作的重要特质是细致、耐心,能解决问题。只要有足够的信心和耐心,再加上一定的工作技巧,就具备成为出色的管家的潜质。

实例26:维修引起的风波

【情景描述】6月,景园3栋701业主收房时,业主和小曾一起察看了新房。发现客厅的踢脚线木板发霉了,小曾默默地记了下来,业主倒是没有反映。由于业主还没开始常住,所以很少到新房里来。小曾想到发霉的踢脚线,就开始行动了,他联系了维保单位,趁着业主不在开始施工。总有这么凑巧的事情发生,这一天刚好业主陈先生来701,看到维保单位施工,大发雷霆:这么重要的事情,自己居然一点都不知道,而且不打招呼,擅自闯入家里,还有什么安全保障?陈先生把维保人员赶了出来,到物业服务中心大闹了一番。事后,还把所有的交付资料扔到房屋销售中心,要求退房。房屋销售中心与物业服务中心交涉后,决定还由小曾来处理这个事情。考虑到业主正在生气,过了三天,小曾才电话联系了业主的太太,表示了诚恳的歉意,并向陈太太说明了事情的原委。接下来的时间,小曾多次与陈太太电话沟通,还争取到了跟她见面的机会。他从陈太太那里得知,陈先生发这么大脾气的原因不仅仅在于维修本身,近期房价大跌是陈先生产生心理落差的重要原因。小曾表示理解,但是房价的事情非人力所为,而且会一直变化的。一个多月的时间里,小曾数次真诚的沟通终于打动了业主一家,他们同意维保单位对房屋进行维修,并取回了交付资料。

【情景分析】本例中有正反两个方面的教训:一方面,物业服务中心没有经业主同意,擅自上门维修,肯定是不对的,类似的行为在物业服务工作中一定要避免;另一方面,业主对物业服务工作不满意的原因是多方面的,有些跟物业管理本身没有关系,物业服务人员想搞清楚真相需下一番工夫,用良好的物业服务素养和执着的服务精神感化业主,促使业主的态度转变。

实例27：失而复得的惊喜

【情景描述】一天晚上,管家小陈接到4幢2001业主的电话。当天上午业主家的保姆在整理家务时,误将窗帘遥控器当作垃圾扔到垃圾桶里面了。管家第一时间通知了保洁领班小李,小李马上联系保洁员询问情况,保洁员回复说没有看见,而且垃圾下午已经被运走。小李又把事情经过汇报给保洁部周主管,周主管立即通过手机通讯录联系到垃圾清运人员,因其有收集可回收物品的习惯,经过再三询问查找,最后终于找到了业主扔的窗帘遥控器。在物业服务人员将窗帘遥控器归还给业主时,业主感到非常意外,并表示非常感谢,对物业服务人员及他们在工作中的态度给予了高度的肯定,并向服务中心赠送了锦旗表示感谢。

【情景分析】本例中的遥控器失而复得是一件偶然的事情,但又存在一定的必然性,正是因为物业服务人员在日常工作中富有高度的责任感,才能对业主的每一次要求都能尽心尽力、做到完美。因此,业主的锦旗不仅是对本次事件的肯定,更是对物业服务始终如一追求品质的肯定。

实例28：精诚所至,金石为开

【情景描述】景园1号楼1302业主陈先生经营着一家中型企业,开着一辆宝马汽车。可能是工作压力比较大,秩序维护员小李印象中的陈先生总是板着脸,脾气也不太好,每次对秩序队员们的招呼都视而不见,更糟糕的是,陈先生常常不遵守地下车库停车管理规定,将汽车乱停乱放。为此,小李曾委婉地指出陈先生的违规行为,但没有什么效果。一天,物业服务中心收到一份陈先生的快递,小李亲自将快递送到陈先生家门口,轻轻地敲门:"您好!这是你的快递,请查收。"接下来的日子,陈先生的快递似乎很多。虽然陈先生表情依然严肃,每次碰到他,小李和队员还是热情地问好。每次给陈先生送快件,小李都会按照服务规范的要求送到他的家里。终于,在小李给陈先生送第五次快件的时候,陈先生舒缓了表情,说了一声:"辛苦了,谢谢!"在以后的日子里,面对秩序队员们的问好,陈先生都会微笑点头示意。而且,陈先生的汽车停放也变得规范了。

【情景分析】在日常物业服务实践中,有些物业服务人员常常抱怨,物业服务工作没有意义,不能得到业主的认同和支持。其实,绝大多数业主的行为是可以理解的,他们可能工作繁忙或者工作压力巨大,一时不能理解甚至不会配合物业人员的工作。但人总是有感情的,物业人员真心的付出不会永无回报。本例中小李和队员们就是这样一如既往、坚持不懈地努力,终于获得了业主的认同。

第四节 臻能之物业服务情景及其分析

一、臻能之物业服务能力分析

物业服务能力是指物业服务企业以其拥有的资源为服务对象提供各项物业服务现实和潜在的能力。按照资源类型分,物业服务企业的服务能力大致可以分为人员、技术和制度三个方面。三者之间存在一定的联系,又有区别。下面分别分析这三个方面与物业服务能力的关系。

(一)物业服务人员能力

物业服务人员能力是由其综合素质决定的,不同服务岗位对物业服务人员综合素质的要求存在一定差异。综合素质分为基本素质和业务素质,前者是员工招聘过程中考察的主要内容,后者主要通过业务培训来提升。因此,物业服务企业必须通过规范招聘管理和加强业务培训综合提升物业服务人员能力。

(二)物业服务技术能力

物业服务技术能力主要通过物业服务企业拥有的机械设备和维护物业设备设施的能力体现,其中维护物业设备设施的主体又是物业服务人员。随着现代物业服务业的发展,各种新型保洁、绿化及办公设备在物业服务企业中被应用,同时电梯、照明、上下水等设备设施新产品的涌现,对物业服务企业的技术能力提出了更高的要求。物业服务技术能力不仅要依靠物业服务人员技术水平的提升,还需要与相关技术单位合作,提升综合技术服务能力。

(三)物业服务制度能力

制度的本质是规则,物业服务企业的制度是一个体系,按形式可分为成文和不成文制度,按约束力可分为硬性和弹性制度。物业服务制度反映了物业服务企业的经营管理水平对物业服务的影响,它本身受物业服务企业的文化、员工素质和经营战略的影响。因此,物业服务制度建设是一项系统工程,要立足于物业服务企业的发展现状,根据物业服务企业经营目标的要求,从文化氛围、人员素质和经营战略等角度,全面提升物业服务企业的服务能力。

二、臻能之物业服务能力情景实例分析

实例 1:为什么被辞退的是我

【情景描述】4 月 21 日上午,保洁员谭大姐来到物业服务中心办理离职手续。谭大姐负责物业服务中心所在的 25 栋及附近 23 栋的保洁工作。"为什么被辞退的是我?"她在办理手续的一个多小时里,多次这样问。"已经跟你

说得很清楚了,试用期不符合公司的用人要求。"保洁主管这样回答。后来,项目经理说,谭大姐保洁工作做得还是不错的,但是有一个不好的习惯,碰到人就议论,无论对方是保洁员、管理员还是领导,甚至是业主,议论工作的缺失、同事的缺点,而且屡教不改,影响了员工队伍的团结。物业服务企业强调人性化管理,人际关系比较和谐,正是这样宽松的工作环境才确保了物业服务人员在紧张的工作中保证高品质的物业服务质量。再好的环境也经不住少数员工的多次失范行为。有问题、有建议可以通过正常的渠道反馈,谭大姐的表现不仅不符合高端物业公司的要求,任何一家正常管理的公司都是不能容忍的。

【情景分析】物业服务从根本上来说,是一份跟人打交道的工作,其工作性质决定了员工素质是多方面的,仅仅业务能力好是不够的。作为一名新聘的保洁员,首先要做的是做好保洁工作,多做少说。在工作中发现了问题,通过正式渠道向领导反映,肯定会受到欢迎的。不分场合、人员在背后议论且不听劝阻,当然是不行的。

实例2:电梯困人了

【情景描述】早晨7时许,景园物业服务中心的工程主管刘工接到值班秩序维护员打来的电话,2号楼的王女士被困在26楼的电梯里。刘工立马赶赴现场,与秩序维护员来到26楼,用三角钥匙打开电梯门,王女士走出电梯后,物业服务人员询问其身体情况,好在有惊无险。王女士从被困到被救出的时间在15分钟左右。秩序维护员在该部电梯前放置了安全提示牌后,刘工联系了电梯公司的维保部门。经检修,该部电梯的一个开关按钮失灵是故障的原因,检修人员进行了更换。上午,刘工就本次事件向项目经理做了汇报,并做了详细的记录。

【情景分析】电梯安全管理在物业服务中具有特殊的意义,电梯安全与业主人身安全直接相关。当电梯困人事件发生后,工程人员一定要第一时间赶赴现场,严格按照操作规程排除故障,在救出被困人员后,要及时了解其健康状况,如有不适,应送往医院就医。然后,物业服务人员应该及时联系电梯维保公司进行检修,经检修完毕后,方能重新使用。作为物业服务人员,必须具备电梯管理的相关知识。

实例3:懂技术和会沟通,一个都不能少

【情景描述】1号楼2302业主准备搬入新家的前一天,发现其室内的有线电视坏了,遂向物业服务中心报修。接单后,工程部刘工第一时间赶赴2302检修,发现室内没有信号,于是向有线维修中心报修。维保人员来到现场后,刘工与维修员经过交流后确定,维保人员检测室外的线路,刘工检测室内部分。通过检查,发现是入户的弱电箱出了问题,刘工对损坏的部件及时予以修复。从报修到线路修复,大约一个小时的时间,业主对刘工的高效工作表示赞赏。这个过程之中,涉及两家单位、数名工作人员,其中物业服务中心发挥了主导的作用。

【情景分析】物业服务中涉及业主室内的维修保养工作与业主正常的生活息息相关,因此,往往对修复时间有较高的要求。本例中的维修还涉及维保单位的责任,物业服务人员要承担与维保单位的协调工作,才能及时完成维修任务。本例的启示在于,工程人员不仅要具备扎实的专业知识,还应具备一定的沟通能力。

实例4:管理员要懂常见的工程知识

【情景描述】6号楼403业主给物业服务中心打来电话,他怀疑开发商偷工减料,因为家里自来水水管水流量较小,而楼上朋友家里的水流量很大。管理员小陈来到业主家里现场察看了自来水,又在该业主的帮助下到8楼察看了某业主家的自来水,发现4楼水流量的确比8楼小。尽管小陈认为应该不是偷工减料导致的问题,但又不能解释原因,于是联系了维保单位工程人员。经过多次协商,维保单位工程人员赶赴现场检查后,向小陈解释了原因:园区内的高层建筑有两套供水系统,3楼及以下采用直供水,4楼以上属于二次供水,而此供水系统的水流从顶层流到4楼,水压会逐渐减小。4楼使用调压阀可以进行适当控制,但是4楼调压阀不可调得太大,否则影响楼上的用水。小陈这才明白其中的原因,在微调调压阀后向业主做了解释。业主表示谅解。

【情景分析】本例的启示在于管理员应具备广泛的知识,物业服务实践中,很多管理员不懂建筑工程、设备设施等相关的知识,如看不懂房屋分户图纸、不认识常见的设备设施,更多的是不懂建工系统的运作原理,这就限制了物业服务能力提升。因此,管理员应加强对工程管理相关知识的学习,在工作中与工程人员保持密切合作,从而提升物业服务能力。

实例5:急业主之所急,想业主之所想

【情景描述】8月13日晚上10时10分,管理员接到值班工程人员的电话,反映御园1栋903的空调出现了故障。工程部人员无法维修,需联系厂家,但厂方的修理人员吴工已经下班,并离现场有10公里的距离。虽然物业服务人员提出了第二天再进行系统修理的建议,但是由于天气炎热,业主不肯接受。管理员认为,御园是幕墙结构,空间也相对封闭,没有空调确实难以忍受。于是,管理员再次拨通了空调维修师吴工的电话,说明其中的利害关系,希望吴工给予支持。经过沟通协调,吴工也理解管理员的难处,三人便都从家里打车来到现场,经过一个多小时的抢修,终于修好了空调。业主很感动,拿出苹果招待物业服务人员,这一刻大家都体会到了服务他人的快乐。

【情景分析】我们可以设想一下,如果本例中的管理人员不能及时回应业主的要求,拖到第二天才修好空调,换来的一定是业主的不满意。很多时候,物业服务就是这样,非常满意的对立面就是非常不满意,没有模糊的空间,而决定业主态度的就是我们的努力。如果物业服务人员从业主的角度出发,急业主之所急,想业主之所想,换来的就是业主的高度满意。物业服务品质就是在这样的不懈努力之中铸就的。

实例6:技术过硬是工程人员的核心能力

【情景描述】3月1日凌晨,报修电话响起,打来电话的是4栋3904业主,他非常生气地说:"我家里又没有热水了,这是我家这个星期第三次洗澡时发现没有热水了。"工程人员小陆马上带上工具赶赴4栋3904。根据察看和业主描述,锅炉启动烧水5分钟左右,故障灯就亮起,锅炉停止工作。小陆初步判断是水泵坏了,但更换水泵后故障依然存在。打电话咨询厂家,厂家给的建议是:喷嘴里面有灰尘堵塞,需更换喷嘴,同时要把里面的灰尘处理干净。小陆马上按照厂家的建议对锅炉进行了再次维修,随后重新启动,锅炉恢复正常运转。业主也对结果表示满意。

【情景分析】本例中,虽然维修人员通过虚心学习、有效沟通,最终解决了问题,但还是反映出维修人员故障排除时技能的缺乏。作为工程人员,必须提高自己的维修技能与专业知识,这是技术人员的核心能力。只有拥有过硬的技术,才能更好地服务于公司、服务于小区的广大业主,从而体现工程人员的价值。

实例7:例行检查的意义

【情景描述】一天下午,景园物业服务中心的工程部和秩序维护部针对园区内的消防设施开展一月一次的例行检查。工程人员和秩序队员按照预定的路线,逐项检查消防管道、喷淋头、灭火器等,并及时做了巡查记录。联合检查组来到 2 号楼地下室的水泵房,在启动水泵开关后,消防管道上部有大量的水流回水泵房。工程人员逆着水流方向查找原因,一直找到顶层水箱,发现是止回阀坏了。在检查完所有消防设施后,工程人员返回水泵房,对已经损坏的止回阀进行了更换。经检修确保正常使用后,工程人员做了维修记录并汇报给了上级。

【情景分析】消防管理的意义在于当危险发生时,消防系统能够第一时间消除危险,这就要求消防系统长期处于正常待命状态。日常消防管理就是例行检查,根据设备设施的不同特点,设计合理的巡查周期。物业服务工程及秩序维护人员应严格按照检查要求及时巡查消防设施,对于损坏的部件要及时予以修复。在巡查之前要设计好相关的巡查制度,巡查过程中严格按照操作规程开展工作,并做好巡查记录。物业管理相关人员要充分认识到例行检查在消防管理中的重要意义。

实例 8:凌晨的抢修

【情景描述】一天晚上 11 点多,景园物业服务中心的工程主管刘工刚刚进入梦乡,突然被电话吵醒,值班秩序维护员打来电话,说 3 号楼的电梯轿厢和地下室进水了。刘工清醒过来,发现外面下起了瓢泼大雨。他一边向领导汇报,一边赶赴现场。刘工和秩序维护员一起察看了电梯轿厢,发现水是从顶部流下来的,他们顺着流水的方向来到电梯机房,发现雨水是顺着电梯曳拉钢丝绳流进轿厢的。那么电梯机房的水又是从哪来的呢?顺着墙角他发现了通向小区外面的排水沟,刘工判定排水沟可能被堵住了。当务之急是避免雨水进入电梯机房。刘工用泡沫胶堵住了墙角,雨水就被挡在了外面。他又来到地下室,采用类似的方法,发现是下水管的阀门松了,拧紧阀门就解决了这个问题。这样,时间不知不觉地到了凌晨 1 点半。虽然很疲倦,问题总算全部得到了初步解决。第二天一早,刘工来到顶层,对被堵塞的排水沟出口进行了清理。处理完毕后,刘工做了详细的记录,并向领导做了汇报。

【情景分析】物业服务中心工程部经常会碰到类似的紧急事件,要有效解决此类问题,一方面要求工程人员具备高度负责的服务意识,第一时间赶赴现场处理问题;另一方面要求工程人员具备扎实的技术基础,能够及时找出问题的根源,并采取合理的措施。另外,在处理紧急事件的过程中,及时请示、事后汇报和做工作记录都要有条不紊,这也是一名训练有素的工程人员应该具备的能力。

实例9:确保物业设备设施安全,维护全体业主利益

【情景描述】地下车库入口挂着黄色警示牌"限高2.2米",货车司机犹豫着停了下来,因为他为陈姓业主家送的货物超过了2.2米,但坐在副驾驶座上的陈先生说:"没关系的,我有几次超高都进去了。"于是,司机把汽车开进了地下车库。突然,呼的一声,自动喷淋系统管道破裂,消防用水喷得满地都是。陈先生吃了一惊,显然这次他没有这么走运。秩序维护员小陈应声赶到,他通过对讲机通知工程部门立即关闭了消防管道,随后通知保洁部门到现场做保洁工作。在这个过程中,管理员到现场拍照、记录并询问了陈先生和货车司机。陈先生辩称非故意导致设备损坏。管理员指出,规定中明确指出,设备属于公共财产,陈先生要为违规行为及其后果负责。后来,陈先生赔偿了设备修复及人工费用共计400元,并承诺以后不再违反限高规定。

【情景分析】对于突发事件的处理,要有条不紊,各部门通力合作,做到这一点有赖于公司做好日常培训和完善的突发事件处理预案。在维护小区物业管理规定和业主公共财产安全方面,物业管理员应态度鲜明、有理有据。将严格执行规定的原则性和待业主如亲人的弹性结合起来,是做好物业管理的难点,也是提升物业服务水平的关键。

实例 10：如何处理电梯故障

【情景描述】11 时许，前台打电话来报修，3 号楼中间保姆梯死机，里面有人被困。管理员接到电话后迅速联系电梯维保单位，然后火速赶到现场。11 点 5 分他到达现场，发现电梯停在一楼，由于保姆梯在一楼没有门，所以要维保单位前来解救。管理员向秩序维护部了解到被困人数为 5 人，被困人员状况尚好。考虑到由于人数较多，时间长会导致缺氧，他当即把负一楼电梯外门打开通风。11 点 29 分维保单位赶到现场，通过紧急抢修，11 点 35 分电梯被困人员被解救出来。经询问，被困人员健康状况良好。维保人员检查后认定，本次电梯困人是由于电梯钢丝线太长导致跳闸保护。在维保人员检修、测试正常后，电梯得以重新启用。

【情景分析】电梯作为高层建筑的重要交通工具已经日益普及，由电梯而引发的纠纷在物业服务实践中所占的比例也较高。因此，加强电梯管理，对保证业主的正常生活、电梯乘客人身安全意义重大。电梯管理包括运行管理、设备管理和安全管理等内容。电梯系统技术复杂，维修保养要求成本高，一般由行政主管部门认定的专业维修公司负责。物业服务企业的工程维修人员应予以配合，做好日常运行监管，及时发现故障，通知专业维修公司维修，为业主出行做好保障。

实例 11：收费项目要规范服务程序

【情景描述】景园 9 栋 1401 业主给物业服务中心打电话，他家卫生间的马桶被堵住了，希望尽快修复。工程部小李接单后，来到 9 栋 1401 室，该户业主正在开展装修工作。小李检查了马桶的内外管道，发现有水泥块堵塞下水口。他清理完毕水泥块，装好马桶，前后花了大约一个小时。随后，小李告诉业主，马桶堵塞是因为装修材料导致的，需收费 100 元。本来很满意的业主听说要收钱,表情立马"晴转多云",心想不就是修个马桶吗?每年交那么多物业费,还要交什么钱?小李跟业主讲道理、说规定,又花了近半个小时,业主总算勉强地支付了100元的维修费。小李觉得有些委屈,本次收费比市场价格便宜多了,为什么收费还这么困难呢?

【情景分析】根据物业管理法规及前期物业服务合同,物业公司承担的是小区内公共部位的维修保养工作,业主专有部位的质量问题如果能证明质量原因,在维修保养期内应由开发商承担责任,否则,应由业主自行负责。本例中的马桶堵塞原因非常清楚,属于业主专有部位,且由装修施工不善导致,应由业主自行负责。问题是这是小李的想法,业主并不熟悉相关法律法规。在对业主专有部位维修时应该规范服务程序。首先,在接单时要初步辨别责任范围,跟业主讲清责任界定和服务项目的收费标准;其次,工程人员在检修时要与业主保持实时沟通,说明维修的原因和要求;最后,修理完毕经业主验收后,应出具维修单据,业主签字后收费,并及时交至财务部。如果能够严格执行服务程序,相信能极大程度上得到业主的认可。

实例12:物业收费票据怎么开

【情景描述】物业服务中心管理员小陈在楼栋巡查时,分发上个季度物业服务费票据。在17栋业主李律师家门口,小陈轻轻地敲开大门:"李女士您好!这是前天您缴纳的物业费收据,如需开发票……"小陈还未说完话就被李律师打断了:"我是按照每平方米4.8元缴纳的,为什么总数少了这么多?"小陈看了看收据,票面是按照3.9元每平方米开具的,但是不知道什么原因:"我去办公室问问财务是什么原因,也许是搞错了。"小陈尴尬地告别李律师回到办公室。刘经理得知小陈的经历后说:"你知道物业费的构成吗?"小陈表示不知道。刘经理告诉小陈,根据《前期物业服务合同》,锦园物业费由物业公司收缴的物业服务费和水电公司收缴的水电费两部分构成,物业服务费每月是 3.9 元/平方米,票据由物业公司开具,代收水电费每月是 0.9 元/平方米,属于代理收费,票据由水电公司开具。如果业主要求开具正规发票,可以凭收据在限定的时间内到水电收费办公室重新开具。

【情景分析】本例涉及的问题是由于物业管理员的业务知识不足,即对该项目物业费的内容和构成不清楚导致的。锦园物业中心收取的物业费包括物业费和公共能耗费两部分。国家发改委、建设部于 2004 年 1 月 1 日颁布的《物业服务收费管理办法》(发改价格〔2003〕1864 号)第二条规定:"物业服务收费,是指物业管理企业按照物业服务合同的约定,对房屋及配套的设施设备和相关场地进行维修、养护、管理,维护相关区域内的环境卫生和秩序,向业主所收取的费用。"公共能耗费指小区公共区域如电梯、绿化浇水、路灯等公共费用,通常由物业公司代收代缴,可以向业主收取,小区应设收费公示栏,每年定期会向业主公示。如果物业管理员具备相应的知识,及时向业主解释,就可以避免类似的误会。

实例 13:为业主提供专业服务

【情景描述】天瑞尚城 6 栋某业主向物业服务中心工程部咨询,他在家中任何一个房间打开新风系统,各个房间的新风系统就都开始运行,这样太浪费电,他怀疑装修公司新风系统有问题,问有没有必要重新改装。黄工到现场察看后,确定该业家中装的是采用集中供风的系统。黄工给业主讲解了新风系统的工作原理,分析了集中供风系统和分散供风系统的优缺点,认为重装系统的成本太高,集中供风系统耗电相对分散系统差别不大,最后给出的建议是不要改装。业主听完黄工的分析,连连表示感谢,并接受了建议。

【情景分析】新风系统的基本功能是将室内污浊的空气排出室外,将室外的新鲜空气过滤后导入室内。新风系统的核心部件是新风换气机。按照工作原理,新风系统的工作模式可以分为集中供风和分散供风两种。本例的管理启示有两点：一是物业服务人员要有过硬的专业知识，能够准确分析物业设备的工作原理和特点；二是物业服务人员应站在业主的角度，进行全面分析，为业主提供富有价值的建议。只有这样，才能为业主提供高品质的物业服务。

实例 14：维修人员要能说会做

【情景描述】3 月下旬的一天，景园 10 栋 2302 业主给物业服务中心打电话，称卫生间又渗水了，希望尽快修复。工程部小李接单后，来到 10 栋 2302 室。他检查了卫生间的所有管道，发现是存水弯松了导致的漏水。小李修好后，业主认为一个月内修了两次，物业服务中心有责任更换管道。小李告诉业主，房屋在维保期内，应由房地产开发商承担更换义务。小李与开发商联系后，开发商认为，既然已经修好，就不应该再更换。业主又要求物业服务中心出具保证书，保证两年之内不再出问题。小李感到左右为难，于是向工程部王主管做了汇报。王主管了解了事情的原委，和小李一起来到 10 栋 2302 室，检查了卫生间的管道情况。王主管先给业主详细讲解了存水弯的原理、材质和出现问题的原因，并提出了解决办法，然后又告诉业主房屋维保期内设备的责任主体及更换设备的程序，最后告诉业主，物业服务中心作为园区公共区域的管理者，不能为房屋设备维修进行担保的原因。最终，王主管的解释得到了业主的认可。

【情景分析】工程人员在开展日常工作的过程中经常出现的情况是，强调运用技术解决业主家中出现的维修问题，而缺少了有效的沟通和必要的解释。这就经常会导致出力不讨好，甚至被业主误解的现象。因此，工程人员不仅要技术过硬，还要学会沟通，该讲的原理要讲清楚，该执行的程序要严格执行，只有这样，才能有效提高服务能力。

实例 15：请远离公司制度的"高压线"

【情景描述】某日，锦园 17 栋某业主私自拆改防盗门的电子锁，打电话到物业服务中心报修，该单业务派给了工程部的小李。小李赶赴现场检修后告诉业主，其报修业务责任应该由业主承担。因为当天休息，承诺第二天上班就去维修。但业主急于修好门锁，要求小李当天上门维修，并承诺支付相应的报酬。小李认为，休息日单独承揽工作，业主也愿意支付报酬，也算合理。于是，他当即回到园区，帮助该业主修好了门锁，并获得了 100 元的报酬。后来，小李将此事报告了维修部主管。主管认为此事违反了公司管理制度，小李这才意识到此事的严重性。主管遂与小李一起来到 17 栋这位业主家中，说明缘由，并退还了 100 元钱。业主称，这是他与小李之间的私人行为，与公司无关，并严词拒绝收回相应的款项。后来，主管与小李一起向项目经理报告此事，并上交这 100 元。考虑到业主的主张、小李主动认错及其日常工作中优秀的表现，项目经理决定，小李在维修部内做自我批评，并在周例会上公开批评。经过大会小会的批评和小李的自我批评，此事才算结束。

【情景分析】物业服务企业相关制度明确规定，任何员工不得利用职务之便向业主、客户或供应商索取钱物或其他利益，违者一律给予辞退处分。本例中的小李私自收钱行为的确踩到了公司制度的"高压线"，考虑到情节较轻，且其认错态度良好，物业服务中心从轻处理是合适的。此事对于物业相关从业人员来说，是一堂生动的纪律教育课。

实例 16：秩序队员火眼金睛，巧识冒牌装修师傅

【情景描述】某日上午，玉园北门来了一位中年男子，他手提一个购物袋，袋里鼓鼓囊囊地装满了卡片和广告单。小陈看在眼里，不动声色地要求核对他的出入证，出入证和身份证上的照片与本人相符。小陈感到蹊跷，但没有立刻放行,中年人开始不耐烦了。小陈指着手提袋问中年人是干什么的,是不是要散发广告?中年人恼羞成怒,冲着小陈骂了起来:"我有证件为什么不让我进去?"并开始推搡小陈。小陈没有还手,并通过对讲机寻求支援。值班经理小吕和秩序维护班长迅速来到现场,了解了事情的原委后,吕经理正色道:"擅自到园区发广告,还动手打人,我们要不要到派出所讲道理?"该男子情绪这才缓和下来。吕经理扣留了其出入证,并肯定了小陈的做法。后来,吕经理又跟负责办理该中年男子出入证的装修公司进行交涉,要求杜绝此类不规范行为,并要求秩序维护队加强园区出入管理。

【情景分析】本例中有几点是值得称道的:一是秩序维护员小陈在出入管理时明察秋毫,及时准确地辨认出了发单员的身份;二是小陈在面临中年男子无理取闹并动手时,没有还击,而是及时寻求支援;三是吕经理态度鲜明,关爱员工,处理问题分寸得当。总的来说,本例体现了物业服务人员处理纠纷时的有理、有利、有节。

实例 17:强化基础管理,提升服务能力

【情景描述】近来,天瑞尚城入住的业主数量持续增加。园区内部的住户大多数只购置一个车位,而拥有两部及以上汽车的业主越来越多了,这给秩序维护队的车辆管理带来了压力。对于已购车位的业主,物业服务中心为每个车位发了一张车辆识别卡,进出地下通道时,道闸可以自动识别,这个比较好处理,问题出现在临时停车位上面。物业服务中心规划园区内业主没有车位或者车位不够的,可以将汽车停在临时停车位上,可是临时停车位是有限的,如何确保停在这里的汽车一定是业主的汽车是一个难题。因为物业服务中心并没有掌握这部分汽车的信息。秩序领班小严认为要是能登记业主的全部车辆,问题就解决了,于是向领导汇报了自己的想法。取得领导的支持后,小严带着秩序班的兄弟们一看到停在临时停车位的汽车,就及时记下车牌号,趁司机开进开出时,立刻上前询问姓名、所住楼栋及电话号码。经过连续一周的登记,整个园区没有地下车库识别码的汽车都得到了比较完整的登记,共计超过两百辆。这项信息作为后续车辆管理的原始资料,为准确、迅速识别业主汽车奠定了良好的基础。

【情景分析】在日常物业服务实践中,物业服务人员要充分开展各项管理活动,依赖一系列基础资料,如业主基本信息、车辆信息、房屋结构图纸等。有些资料来自房地产开发商的移交,有些则需要物业服务中心的日积月累或者全面登记。本例中,小严和队友们对没有掌握的车辆信息进行全面登记就是一项由物业服务中心开展的基础信息登记工作。

实例18:例行工作须谨慎

【情景描述】物业服务中心综管员的工作千头万绪,他们需要负责行政、人事、仓库、统计等办公室日常管理工作。婷婷做综管员三个月了,最近碰到一件事情:一位主管在汇总加班统计情况时,误把4月6日当成4月7日,月底各项统计工作繁忙,婷婷未加核查,汇总后便直接上报到分公司综管部了。忙完手头的紧急工作后,婷婷觉得心里不踏实,打开加班统计汇总表,在OA中与打卡记录核对,才发现了这个错误,好在该主管的4月份加班总天数没有错误。于是,婷婷向综管部经理做了汇报。经理认为婷婷还是富有工作责任心的,叮嘱她以后把日常工作做得更加仔细。

【情景分析】我们在开展例行业务,尤其是工作繁忙时,常常会麻痹大意,导致工作出现纰漏。在本例中,如果月加班天数出错,会导致工资结算出错等一系列错误。在日常综管工作中,如果频繁出现此类疏忽,会造成工作重复,严重降低工作效率,可见开展例行工作亦须谨慎。

实例 19：强化新进队员培训，提升物业服务能力

【情景描述】某日，玉园 2 栋业主陈女士来到物业服务中心投诉在南大门值班的秩序维护员小李。陈女士说："今天我出门时忘记了带门禁卡，让小李帮忙开门，小李却百般刁难，而且态度特别差，没有一点服务意识。"值班经理小吕安抚了陈女士的情绪，记下了她的诉求，并承诺会给一个说法。送走陈女士后，值班经理向秩序维护班长和小李了解情况后，基本事实和陈女士描述吻合，只是小李觉得该业主胡搅蛮缠，不遵守规则。秩序维护班长当即批评小李："你的工作态度不对，业主不熟悉规定，我们要认真解释，如果确实是业主忘记了带钥匙，我们应尽快核实身份后予以放行……"小李意识到了自己的错误。不过，吕经理意识到这是比较大的一个问题，玉园交付不到四个月，一线员工大都入职时间短、经验少，亟待加大培训力度，提升服务能力。他拨通了程女士的电话，向她说明小区严格门禁管理的重要意义，并代表小李向她表达歉意，表示接下来会加强服务礼仪礼节培训。陈女士表示谅解。

【情景分析】当前，物业服务行业基层员工流动频繁，新入职的员工比例较高，特别是在项目新近交付和春节前后，表现尤为突出。物业服务企业要改善公司内部管理，稳定员工队伍。同时，要加强新进员工的培训工作，通过系统培训和员工自学，采用讲授、讨论、案例分析及现场观摩等方法有效保障公司物业服务水平。

实例 20：日常演习苦训练，关键时刻显身手

【情景描述】一天的下午 1 点 33 分，消控员收到来自御园 1 号楼 502 家的火警电话。消控员立即用对讲机向领班汇报，正在值班的领班立刻率领 3 名队员迅速奔赴现场，同时用手机通知秩序维护王队长，王队长立即启动了

消防安全应急预案。秩序维护员们相继赶到现场后,迅速且熟练地展开了灭火救援工作,疏散人员、关闭电源、关闭灶台开关……一切都按平时演练的消防安全应急预案处置程序进行。大火扑灭后,秩序维护员们打开窗户通风。王队长询问业主后得知,起火原因是业主出门忘记关掉煤气灶引起。刚刚惊慌失措的业主连连表示感谢,王队长给业主讲解了日常消防的注意事项后,带领队员们离开现场。

【情景分析】此次火灾在初期阶段被成功扑救的主要原因是物业服务中心第一时间启动了消防安全应急预案,秩序维护员报警、扑救及时发挥了至关重要的作用,由于处理得当、措施合理,火灾未造成重大财产损失和人员伤亡。通过此次火灾,也充分显示出高品质物业消防安全能力建设的成效。

实例21:满足特殊要求的前提是维护整体的利益

【情景描述】锦园各楼层可视对讲系统的线路沿着门边铺设,对讲机只能安装在入户大门旁边。部分业主在装修时,觉得这个位置不合理,有碍室内装修的整体布局,要求对座机及线路进行移位。由于要求移位的业主人数较多,而且座机移位对公共部位的形象没有影响,物业服务中心同意了部分业主的移位要求,但要求相关业主保证可视对讲系统的正常使用,并签订《弱电设备实施移位责任保证书》。同时,要求这些业主聘请专业公司开展移位业务,并与专业公司签订维修保养合同。这样,既满足了业主的特殊需求,又保证了公共设备设施系统的正常使用。

【情景分析】可视对讲机是按照房地产规划设计安装的,而且只是少部分业主有移位要求,显然,房地产开发商是不会承担移位工作及费用的。根据《前期物业服务合同》,物业服务中心要承担公共设备设施的维修保养工作。因此,首先,物业服务中心要确保做到兼顾大多数业主的整体利益和部分业主的特殊要求,完美的方案就是在保证系统安全的前提下,允许少数业主开展移位。其次,有特殊要求的业主须承担可视对讲系统移位的费用及移位可能导致的安全责任。最后,物业服务中心要做好相关的管理保障工作,包括签订保证书和监督业主聘请专业公司进行施工。

第五节　臻惠之物业服务情景及其分析

一、臻惠之实践社会责任分析

物业服务企业实践社会责任是指物业服务企业继承其对包括员工和客户在内的社会应承担的责任。物业服务企业的社会责任具体可分为经济、法律、道德和慈善等不同类型的社会责任。按照服务对象的不同,物业服务企业实践社会责任又可分为客户、员工和其他相关利益主体等不同的面向。下面重点分析这三个面向与物业服务能力的关系。

(一)对于客户的社会责任

物业服务企业是按照物业服务委托合同开展经营活动的营利性组织。也就是说,物业服务企业为客户提供的服务是有范围限制的,通常以物业服务合同要求的为准。在物业服务实践中,客户通常会有超出物业服务合同要求的需求,如果物业服务人员拒绝提供相关服务,可能会给客户留下不好的印象,从而影响物业服务满意度的提升。因此,对客户积极履行社会责任,有利于提升物业服务满意度。

(二)对于员工的社会责任

没有员工的满意,就没有顾客的满意。物业服务企业中员工满意度的影响因素通常会超出企业应该承担的范围,比如员工家属患上重大疾病、员工之间非工作引起的误会以及部分员工有酗酒赌博的恶习等。此类问题通常不是企业应该承担的法定责任,但如果听之任之,可能会影响员工队伍的稳定。反之,如管理人员积极介入、帮助员工渡过难关,往往会产生意想不到的正面效果。

(三)对于其他相关利益主体的社会责任

其他相关利益主体包括社区、行政主管部门、大众传媒等社会组织。除员工和客户之外的其他相关利益主体通常间接地与物业服务企业产生联系。对于其他相关利益主体的诉求,物业服务企业在能力范围内应该积极参与,为社会提供力所能及的服务,这样,物业服务企业可以树立良好的社会形象,为企业可持续发展奠定基础。

二、臻惠之实践社会责任情景实例分析

实例 1:处变不惊,协助处理群体纠纷

【情景描述】农历腊月十二的早上,王队长接到队员电话,说园区门口聚集了一大群不明来历的人。王队长赶赴现场后,经询问,这群人是景园 3 号楼施工单位的施工人员,因为没有拿到薪资,他们在与房地产开发商协商失败后,聚集在一起来到园区集体讨薪。王队长迅速向项目经理做了汇报,并拨打 110 报警,同时要求队员加强警戒。后来在地方政府的介入下,房地产开发商、施工单位及社区多方开展谈判,在此期间,曾经出现过工人静坐导致业主出行不便以及个别工人情绪过激而以跳楼相威胁的事件,物业服务中心通过与各方沟通,协助纠纷双方进行谈判,经过近半个月的交涉,此事终于以工人拿到工资而平稳结束。

【情景分析】临近年关,因农民工讨薪出现的群体事件频繁地出现在各种媒体上。在本例的纠纷中,物业服务中心并不是直接利益主体,工人们的群

体行为给业主的出行带来困扰,如果出现极端的事情,还会有损整个园区的公众形象。在处理此类突发事件时,秩序班长临危不乱,汇报、报警及警戒工作有条不紊,在纠纷谈判期间,物业服务中心多方沟通与配合,为该事件的圆满解决提供了充足的保障。本例还有一点启示就是,针对此类问题,物业服务中心应有预案,并对全体员工进行培训。

实例2:处置突发事件的启示

【情景描述】2月24日下午1点25分,御园二期消控中心接到某业主家厨房烟感报警,消控员立即上楼查看,但发出火警警报的业主家无人应答。管家接到反馈信息后立即与该户业主取得联系,但业主因故外出无法立刻赶回。由于现场情况紧急,管家经业主授权获取了入户门密码,入室查看后发现厨房铁锅正在冒烟,管家关闭火源后,立即开窗通风。事后管家告知业主事情的发生及处理过程,业主了解后非常感谢,夸赞物业服务企业安全服务工作落实得好,表示住在这里很有安全感。

【情景分析】本例中,消控员与管家密切配合,反应敏捷,冷静应对,处理得当。在业主无人在家的情况下未酿成火灾,未造成业主财产损失和人员伤亡,事后还得到了业主的褒奖。具体来说,本例的启示有三点:一是消控中心当班秩序维护队员恪尽职守,在发现烟感报警时迅速行动,及时通知;二是管家及时与业主取得联系,并获取入室密码,程序合理,处置得当;三是管家在处置火患时,先是关闭火源再开窗通风,步骤严密,科学合理。

实例3:节假日期间要特别关注园区周边安全

【情景描述】10月1日晚上7点左右,鹿城广场御园访客陈小姐从园区大堂行至一期北门岗后,在马路旁等待出租车。10分钟左右,一辆摩托车从瓯江路由东向西快速驶来,秩序维护队员见摩托车逆向行驶形迹可疑,正准备提醒访客时,摩托车后排男子做伸手状,有飞车抢劫的重大嫌疑。秩序维护队员立即跑过去并大声呼喊,摩托车匆匆离去。后来在秩序维护队员的帮助下,陈小姐搭乘出租车离开。

【情景分析】此次事件给安全管理敲响了警钟,节假日期间,一些不法分子伺机作案。当班秩序维护队员高度的警惕性,果断、迅速的工作作风,为园区的秩序维护员树立了好榜样,值得所有秩序维护员学习。接下来,秩序维护部强调所有秩序维护员在当值过程中要时刻留意身边的人和事,提醒业主和访客做好自我防范措施,共同维护园区及周边安全,营造优质的物业服务环境。

实例4:额外服务带来满意评价

【情景描述】晚上9时许,景园3号楼1601正在上中学的女儿打车回来。临近门岗时,她似有所思,当值秩序队员小李迎上去问:"你好!发生了什么事情?我能帮你做什么?"小姑娘说:"我的钱包丢了。"领班小罗闻信赶到现场,询问了事情原委。小李回忆,业主下车后,司机好像下车捡了什么东西,然后开车走了,但自己没看清车牌号。小罗来到监控中心调阅了监控,可惜马路离监控太远,看不清楚车牌。于是他拨打了12580,先查询到出租车公司的电话,又查到一辆出租车在附近行驶的GPS记录。小罗拨通该出租车司机的电话,司机承认捡到了钱包。小罗向小姑娘和出租车司机分别询问了钱包内的财物,核对无误后,要求司机将钱包送回。经过一个多小时的交涉和等待,丢失的钱包被送还到小业主的手中。

【情景分析】本例中小姑娘的钱包在外面丢失了,显然不属于《物业服务委托合同》中规定的服务项目。如果秩序维护员不闻不问,虽然不会违反规定,但是不符合高品质物业的服务宗旨。物业服务工作中有很多事情是不能分分内分外的,有些分外的事情,在业主满意度调查中往往发挥事半功倍的效果。很多事情不一定像本例一样有圆满的结果，只要我们在物业服务中急业主之所急，想业主之所想，竭尽所能，哪怕结果不圆满，我们的努力也会取得业主的认可。

实例5：让精致服务成为一种习惯

【情景描述】周末的下午，11栋1603业主在商场购物后返回景园。在南门岗处，夫妻二人把他们的胜利果实放在门口，男业主开着车子进入了地下车库，女业主独自一人把一大堆商品慢慢地搬回家里。男业主回到家里，看到自己的妻子满脸都是汗水，而且手部红肿，心疼不已。一气之下，他来到物业服务中心，投诉南门岗当值秩序维护员，认为秩序维护员不作为。项目经理接待了该业主，记录下了业主诉求。李经理和秩序队长约谈了当值秩序维护员小陈，小陈入职时间不长，认为没做错什么事，对业主的投诉表示不解。"业主每个月向物业公司交物业费，我们帮助业主提提东西，过分吗？这是高品质物业服务企业精致服务的要求。"小陈茫然地点了点头。经理意识到这不是特例，对队长说："秩序维护队的大部分员工入职时间不长，加强培训是工作的重中之重。"后来，经理通过电话向11栋1603业主表示歉意，并告知其进一步整改的措施。业主表示谅解。

【情景分析】景园作为市区的高品质楼盘，物业服务中心理应按照精致服务、追求完美的要求，实现物业服务企业的价值。高端楼盘要求高品质的物业服务，物业服务中心在日常物业管理活动中，应力求精致服务，并形成一种习惯，践行对业主的承诺。本例的重要启示是，对于新入职员工的培训应该成为一种常规制度。

实例6：借助公共机构的力量

【情景描述】玉园交付的当天，现场热闹而繁忙，在物业服务工作人员的努力下,所有工作有条不紊地进行着。在秩序队员们的引导下,所有来宾车辆停放井然有序。11点左右,一位年轻人在大堂闹了起来,他是代替远在国外的姐姐来办理手续的,他认为门口的走道太窄,要求房地产开发商赔偿。房屋是按照规划设计施工的,房地产开发商和物业服务中心工作人员几经解释,都没有任何效果。更糟糕的是,这个年轻人居然把汽车开到出口的道路中间,故意挡住进出口。显然这是恶意闹事的行为。项目经理及时劝阻了秩序队员欲上前制止的行为,一边要求队员提高警觉,避免事态进一步恶化,一边联系警方,与警察沟通。在警方的干预下,事情很快得到初步解决,现场秩序恢复了正常。

【情景分析】物业服务的性质决定了物业服务过程中牵涉面很广,而物业管理法规赋予物业服务企业的权力是有限的,因此在现实条件下,物业服务企业开展工作时要合理借助相关行政主管部门的力量。本例中年轻人故意闹事,如果秩序队员强力制止,既涉嫌违法,还可能导致现场秩序进一步恶化,从而破坏项目及公司形象。因此,寻求警方支持解决问题是最好的选择。

实例7:拾金不昧,精神可嘉

【情景描述】中午,保洁员陈姐和陶姐发现5栋外围休闲区地上有个皮包,就第一时间通知了领班小李。清点后,发现皮包内有1部手机、2700元现金、若干银行卡以及十几张蛋糕券。领班小李通过手机通讯录联系到失主,电话接通后,管家得知失主是5幢1101业主的小姑子,在陪同外甥玩耍的过程中,不小心把皮包遗失在了园区。在陈姐将皮包归还后,失主向陈姐表达了真挚的感谢,事后还委托业主给物业服务中心送来了一面锦旗。

【情景分析】这次事件,充分体现出服务人员心系业主,一切以业主利益为工作中心的服务态度。物业服务中心要求在今后工作中,所有的保洁人员都要向陈姐和陶姐学习,做到拾金不昧,将物业服务工作尽可能地做到精致、完美。每一面锦旗都是公司的荣耀,都是业主对物业服务人员工作的肯定和认可。

实例8:视队员为兄弟,真心关爱同事

【情景描述】12月的一天晚上,秩序维护员小罗参加朋友聚会后回到园区。在大门口,他向值班的小陈打招呼,要求开门。小罗叫了几声,小陈没有反应。天气寒冷,小罗又喝了点酒,就骂了一声:"他×的,在干吗呢,快点开门!"这骂人的话,小陈可是听得清清楚楚,他怒气冲冲地打开门,踢了小罗一脚,随即两人打了起来。随后,在同事们的劝阻下他们停止了打斗。正在休假的班长得到消息后,连夜赶回园区了解整个事情的经过。小陈来自贵州山区,小时候妈妈因车祸去世了。小陈对妈妈充满了感情,他特别在乎对母亲尊严的维护,忌讳跟母亲有关的脏话。班长很同情小陈的经历,但也认为这种心理障碍不利于今后的工作和生活,于是跟他谈心开导他。然后要求小陈和小罗相互道歉。但为严正风纪,他也给予两人15天的考察期,如有再犯,将加重惩罚。

【情景分析】本例中小陈的表现有些过激,如果简单处理,不深入员工内心,管理者很难知道深层次的原因。班长正是通过深入了解事情的根源,设身处地地了解小陈的身世和经历,不仅有效地解决了问题,还修复了打架员工之间的感情,这是一个完美的处理员工纠纷的实例。

实例9:重要任务需全员协作

【情景描述】3月底,项目经理交给小李一个任务——在新服务系统中录入业主信息,这项工作之所以交给小李,是因为经理认为她对数据比较敏感且工作严谨。录入业主信息的工作需要管理员的配合,因为他们掌握业主的信息。在最初的几天里,小李不得工作要领,进展迟缓,她向项目经理

汇报了情况。于是,项目经理召集全体管理人员专题讨论业主信息数据处理工作,经过大家的热烈讨论,项目经理最后总结道:"各管理员提供基础信息,并在小李录入信息后进行核对,要确保业主信息的准确和完整,重要信息要向业主进行确认。"接下来,大家按照经理的要求分工合作,信息录入后,多次审核。经过一周的努力,小李和大家一起高质量地完成了这项工作。

【情景分析】本例的启示有三点:一是用人所长,项目经理看中的是小李的专业能力,为提高数据质量奠定了基础;二是成员协作,繁重的工作需要团队成员的合作;三是领导的重视很关键,在组织管理中有效的领导可以促进成员的协作。

实例 10:物业服务切不可因人而异

【情景描述】下午 5 点,秩序维护员小李在南大门值班。一位中年男子从小区里面出来,临近大门时,他突然从车行道道闸下钻了出去,小李不认识他,认为是装修人员,于是快步走到该男子身边:"你怎么这样出门? 这样形象多难看!"该中年男子听后大发脾气:"怎么难看了? 进出都要凭证,缴纳那么多的物业费,还搞得那么麻烦……"这位男子越说越生气,对刚到现场的领班说:"我要投诉他! 你要给我个说法。"领班承诺一定会认真处理,该男子才不满地开走了停在大门外的汽车。经调查,该男子为 7 栋某户业主陈先生,现阶段他家正在进行房屋装修。小李以为这位业主是没有证件的装修工人,这样在车行道闸下行走既危险又影响园区形象,才对他的行为进行阻止。主管认为,介入管理是对的,但是要注意方法,要严格按照规程操作。后来,领班给陈先生打电话,说明了门岗进出管理的规定,委婉地解释在道闸出行的危险性,也对队员的不当言行表示了诚恳的歉意,表示接下来会加强培训。陈先生表示谅解。

【情景分析】在物业管理中,有些工作我们应该灵活处理,但是对于基础性的物业服务质量,切不可因人而异。除了业主,进出园区的租户、客人甚至装修工人,都是物业服务企业的客户,他们或者是业主的亲戚朋友,或者为业主服务,要一视同仁,提供同样的服务。

实例11:物业服务要运用策略

【情景描述】晚上10点,一业主要开车进入地下车库,因为没有车辆感应卡,要求秩序维护员小严开门。小严来到车旁,确定是9栋2单元业主戴先生的儿子,他家里有三辆汽车,但是地下车位只有一个,唯一的车辆感应卡在戴先生的车子上。根据园区管理规定,没有感应卡的汽车是不能进入地下车库的。因此,小严要求小戴把车停到外面的临时停车位上。小戴大为不满,赌气将车子停在旁边11栋的出入口,扬长而去。在长期的值班工作中,小严熟知戴先生晚上回家的时间。11点前后,戴先生开车回来了,小严向他说明了当天发生的事情,并指出小戴的车子会影响其他业主的出入。戴先生随即打电话训斥了小戴,并向小严道歉,小严表示感谢。后来,小戴开走了他的汽车。

【情景分析】可以设想,本例中当小戴赌气停车后,当场拦下他或者打电话给他,很可能越闹越僵。小严没有这样做,他想到了向小戴的家人寻求支持,因为大多数业主还是讲道理的,事实证明了这一点。本例中还值得称道的一点是,小严能够正确地识别业主,并了解业主的出行时间,这是作为秩序维护员的重要能力。

实例12:业主手机失而复得的故事

【情景描述】7月17日下午,秩序维护员小陈正在地下室休息区巡查,三个人匆匆忙忙从车库走过来,看到小陈就问:"有没有看到一部苹果手机?"看着他们焦急的样子，小陈连忙说："我刚来没有看到，手机什么时候丢的呀？""也就七八分钟吧，刚刚我坐在这里打电话的，当时有个保洁大姐在这的，她有没有看到？""您先别着急，如果我们保洁大姐捡到，会交到我们前台，我帮您问一下。"小陈打电话问了前台，说是没有。业主说，手机是刚从西班牙带回来的，手机卡是西班牙的，如果补卡的话很麻烦。听了失主的话，小陈也替失主着急，怎么办？小陈想：车库主干道有监控，电梯也是有监控的，要不把这些监控调出来看一下，有一点线索也是好的。小陈把想法和失主说了一下，失主说可以，但现在他们急着去接孩子，没时间，小陈说："没关系，那我先去查，查到的话我再打电话给您。"业主留给小陈一个手机号码，急急忙忙开车走了。小陈在监控员的帮助下，把可能涉及的监控都看了一遍，功夫不负有心人，终于有了一点线索，在业主手机丢失的那几分钟里有人坐保姆电梯从29楼到负一楼，经过休息区再从主电梯到一楼。于是小陈抱着一点点希望到29楼逐家询问是否捡到手机，一个保姆说："有的，在负一楼捡到的。"小陈松了一口气说："终于找到了！"便打电话给业主告诉她手机找到了。业主回来时到前台从小陈手上接过手机连声道谢。业主开心而归的时候，小陈感到物业服务工作特别有意义。

【情景分析】有很多物业服务人员常常会抱怨行业地位低、待遇低、工作难做，虽然这是事实，但如果我们仅仅关注行业存在的问题，就会失去很多工作给我们带来的乐趣。俗话说，"干一行，爱一行"，就是这个道理吧。

实例13：在执行门岗纪律时没有例外

【情景描述】一天下午，天瑞尚城南门来了一位开着奥迪A4的中年男子，但是汽车没有出入证。小严走上前去，询问车主。该中年男子显得很不耐烦："我是装修公司的老板，快点放我进去！""对不起！没有出入证，我们要经物业服务中心确认后才能放行。"小严说。车主脾气很大，加大油门，闯过警戒线,径直将汽车驶入园区。小严一边通过对讲机寻求支持,一边跟着汽车跑,在陆续赶来的队友们的合力围堵下,汽车总算停了下来。后来,车主调转车头悻悻地离开了。第二天,该中年男子再次来到门岗,这次汽车有了出入证。原来他是景文装饰公司的项目经理陈先生,在园区内确实有多个装修项目,只是前几天没有办理出入证。他向小严致歉,说因昨天心情不好,所以出言不逊,行为不端,希望多包涵。小严不计前嫌,表示希望工作上多多配合。陈先生还说,原以为物业公司就是做做样子,现在看来管理工作真的是下足了功夫。

【情景分析】在执行园区纪律时,秩序维护员一定要一视同仁,不能有所例外。本例中小严的严格执行管理,得到了装修公司负责人的谅解和赞美。物业服务就是这样,关键看你是否在认真工作,是否真心为业主着想,一时的不方便可能会导致业主或物业使用人的抱怨,但最终总会得到绝大多数业主的谅解和认可。

实例14:制度严明与人性化管理是可以兼容的

【情景描述】每月15号是员工发工资的日子。每次发完工资,御园秩序维护队员赌博的情况就非常严重,有些队员几天之内便花光了刚刚下发的全部工资,于是开始借生活费。最近,有几名队员借完同事的钱后不辞而别,直接导致秩序队的混乱,此事引起了公司管理层的关注,公司领导要求物业服务中心进行整改。御园物业服务中心项目经理召集秩序队领班以上人员开会,调查与讨论此类问题的对策,最后达成统一意见:物业服务中心员工禁止赌博,原则上员工之间不得相互借钱,秩序队要加强监管等。然后以文件形式下发各部门,并向上级主管部门备案。此后,御园物业服务中心秩序队的风气得到根本的改善,队伍也变得稳定了。

【情景分析】物业服务企业强调人性化管理,在追求服务品质的同时,会给予员工宽松的工作环境。本例中的员工赌博事件在多个项目中都有出现，一般在秩序队比较严重，此前公司没有这方面的规定。在御园物业服务中心处理该事件时，有人提出，公司出台规定，干涉员工私生活，是不是与公司人性化管理的宗旨相抵触？人性化管理不等于自由散漫、对员工的不良行为听之任之，如果出现此类问题不闻不问，既是对员工的不负责任，也会影响公司正常的管理秩序。本例中御园物业服务中心秩序队员的日常生活是不健康的，导致了部分队员私人财产的损失，也影响了秩序队的和谐稳定。所以，禁止赌博的相关制度是必要的，这项看似严格的制度，其实体现了人性化管理的要求。

实例 15：纠正违规行为要巧用公共管理机构的力量

【情景描述】景园 7 栋 101 业主自装修以来，先后多次出现违规装修，包括厨房移位、扩大卫生间的面积、加装暗楼、窗户改装等。物业服务中心管理人员多次上门或电话与该业主沟通，表明如果改装，须经城市规划主管部门同意，但业主不予理会。沟通无效后，物业服务中心向业主下发了整改通知书。限期整改之后，该户业主并没有停止违规行为，物业服务中心采取了该户违规材料限制进出园区的措施。业主带领装修人员来到物业服务中心出言不逊，并动手推搡工作人员，工作人员当即报警。公安局的介入虽然没有解决问题，但是对该业主的嚣张气焰还是起到了震慑作用。后来，物业服务中心又分别向规划局、消防队报案，这两个部门分别调查后送达了违规整改通知书。物业服务中心还联系了街道办，街道办也上门做业主的工作。在政府相关部门的强大压力下，该违规业主终于妥协，自愿恢复了违规部位，园区秩序回归正常。

【情景分析】关于违规装修，涉及面较广，现行法律法规没有赋予物业公司强制拆除的权利。物业公司追求物业服务品质就应该避免园区内出现违规装修行为,尤其是要杜绝严重破坏外立面的行为。由于管理的疏忽和业主的蛮横,本例中业主违规行为严重且已成为事实。仅仅依靠没有执法权的物业服务中心自身的力量阻止违规行为显然是不可能的,因此,物业服务中心通过政府相关部门的介入,迫使业主纠正了违规行为。

实例 16:做好业主财产的守护神

【情景描述】锦园物业服务中心接到 16 栋 8 楼业主打来的电话,其声称房内装修材料被盗。根据业主的说法,其昨天上午囤积在房内的管道接头、木板等数量减少,现场也确实有搬动物品的痕迹。管理员小李拍照、记录后,向业主承诺会马上与秩序维护部共同查明真相。小李来到监控中心,调阅了 16 栋楼道头天下午的监控录像,没有发现可疑线索。但是,录像里出现了房地产开发商项目部工程人员进出的影像。小李连同主管一起与房地产开发商项目部联系后确认,丢失的材料是该部门工程人员"就地取材"了。后来,小李从房地产开发商项目部取回材料还给了业主,并向业主表示了歉意,取得了业主的谅解。

【情景分析】在日常物业服务中,经常遇到房地产开发商销售员看完房间后忘记关闭灯、门窗导致损失的问题。本例凸显的问题表面上是物业服务中心对空置房钥匙管理的混乱,深层原因是物业服务人员对业主财产责任意识的淡薄。尽管责任不直接来自物业管理员,但是发生类似的问题首当其冲受到影响的是物业服务中心。在现实条件下,物业服务中心应做好三个方面的工作:一是加强钥匙管理,房地产开发商借用钥匙时要做好登记;二是加强日常巡查管理,出现问题及时处置;三是加强与房地产开发商的沟通,并要求相关人员规避风险。

实例 17：为拾金不昧的保洁员点赞

【情景描述】上午 11 点左右，锦园物业服务中心保洁员小裴如期来到会所大堂卫生间做保洁。她进入女卫生间时，发现一个黑色的小背包被遗落在洗手台边。小裴看了看周围，发现没有人在，断定是有人丢失了随身物品。想到失主一定会很着急，小裴来到物业服务中心，将皮包交给项目经理，便回大堂继续工作去了。后来，大家打开皮包，发现里面有一大沓证件、银行卡、汽车钥匙，还有近千元的现金。通过身份证初步确定为 20 栋 1101 业主丢失的皮包。管理员与该业主取得联系后，业主随后来到物业服务中心认领。

【情景分析】小裴捡到皮包后，首先想到的是失主的焦急与等待，第一时间将物品交回物业服务中心。正是她的这种品质，及时帮业主挽回了损失，以实际行动铸就了物业服务的品质。

实例 18：为郑经理尽职尽责的精神点赞

【情景描述】郑经理是锦园物业服务中心的经理助理，已经工作大约两个月了。自入职以来，郑经理兢兢业业、认真学习，在管理方法和手段上不断寻求创新。4 月 8 日上午，锦园有一业主结婚，郑经理在和同事们收完庆典用品后，回到会所大堂检查工作。在大堂中央，透过玻璃大门，她发现门口大草坪上的熊猫雕塑倒了一只。她穿过大门，快步走向草坪，但一脚踏空摔在草地上，脚踝受伤了。同事们应声赶来，送她去医院治疗，郑经理还不忘转告同事要将熊猫雕塑复原。来到医院后，医生诊断她的脚踝是软组织损伤，需休息一个星期。但郑经理只休息了两天，就带着伤回到了工作岗位。

【情景分析】在访谈中，郑经理多次表示，以后一定要更加细致，避免粗心导致不必要的麻烦。尽管如此，我们还是要为郑经理尽职尽责的工作精神点赞。在物业管理中,做好每一个细节,抓好每一件小事,需要物业服务人员高度的责任心,郑经理就是这样做的。

实例 19：情感误会

【情景描述】李大姐,40 岁左右,天瑞尚城物业服务中心保洁员,平时为人性格外向,不拘小节。方大姐,年龄与李大姐相当,也是该部门保洁员,性格内敛。方大姐的老公陈大哥是天瑞尚城物业服务中心的秩序维护员。他们各自的工作做得还算不错,平时交流比较多。最近,方大姐跟陈大哥经常吵架,原因是李大姐将自己工作、生活上遇到的委屈向陈大哥倾诉,方大姐怀疑他们之间的关系不单纯,背叛了自己。方大姐和陈大哥越吵越凶,还开始了分居,由此也导致了方大姐和李大姐同事关系的日趋紧张。保洁主管小吕听说后决心介入此事。她分别向三名当事人了解了情况。李大姐和陈大哥均表示他们是很单纯的朋友关系,只是交流得有点频繁而已。方大姐则认定他们关系不单纯,但也没有丈夫出轨的证据。小吕又询问了与他们三人关系比较亲近的同事,综合判定后认为:方大姐多疑导致了家庭矛盾。接下来,小吕重点做方大姐的思想工作,帮她分析李大姐及陈大哥的性格和为人处世的特点,还说了同事们的看法。方大姐听了小吕的分析,表示有误会。小吕又把另外两名当事人叫到一起谈心,解开了大家的心结。这一场情感误会,在小吕的多次调解下总算过去了。

【情景分析】员工之间的情感原本属于私密问题,然而,如果处理不善影响到工作就成了管理问题。本例中的情感问题直接当事人有三个,在员工队伍中有较大的影响。在这种情况下管理者不能置之不理,介入干预首先必须厘清事实,在公司制度规定的范围内,按照人性化管理的要求妥善处理。

实例20：为业主提供必要的方便

【情景描述】锦园16栋503业主没有在园区内购买车位。前不久,因为忙着结婚,他经常需要采购各种物品,但由于没有车位,汽车不能顺利进出园区。503业主来到物业服务前台寻求帮助,希望近阶段能放其汽车进出。小孙告诉该业主:园区汽车进出有管理规定,没有车位是不能进出园区的,但是货车搬运货物是可以的。考虑到该业主的特殊情况,小孙与秩序维护队领班就此事进行了沟通,并请示了项目经理,然后与该业主约定:近阶段将车库中一个备用车位借给该业主使用,每次不能超过半小时,同时要求门岗值班秩序维护员对该业主放行。16栋503业主非常高兴,在随后的日子里,多次开车进出园区,严格遵守事先约定。后来,503业主结婚了,还专门给小孙送来喜糖。虽然后来不用临时车位了,503业主有空的时候还是会经常到物业服务前台跟小孙聊天。

【情景分析】现代物业服务业强调以人为本,物业管理员工作中要以业主为中心。要做到让业主满意,就要求物业管理员熟悉物业服务中心的各项规定和流程,协调相关部门针对问题共同商讨对策,为业主提供必要的方便。严守物业服务制度,同时又充分考虑业主的特别需求,是物业管理员成熟的标志。

实例21：物业服务企业不是万能的

【情景描述】国庆长假刚结束,锦园管理员在巡查19栋的过程之中,发现很多业主对门口的外天井进行了水泥浇筑,有的正在施工中。19栋的违规业主户数逾半,其他楼栋也不同程度地存在这个问题。外天井作为消防通道,属于公共部分,业主私自占有显然属于违法行为。为此,管理员多次与相关业主进行沟通,并递送了《违规整改通知书》,但收效甚微。后来,物业服务中心与临委会沟通，并向区房管局报案，区相关执法部门多次来到现场，先后张贴了违规告示。但违规业主大都视而不见，没有整改，执法部门和业委会也没有进一步跟进。他们给出的建议是，可以去法院控告违规业主。可问题是，作为以精致服务为追求的物业公司，还没有起诉业主的先例。锦园物业服务中心的对策是这样的：尽量避免业主新违规行为的出现，对违规业主送达《违规整改通知书》，要求整改；对于局部突出的违规行为，如在通道旁边安装空调的，如业主拒不执行，物业公司予以强制清理。

【情景分析】本例中涉及的事件，让锦园物业服务中心花费了大量的人力。新进的管理员普遍感到无奈，他们面临规范管理理想与物业服务现实的冲突，这不正是物业服务企业面临的困惑吗？对这些违规行为不管的话，其他业主可能会说物业公司不作为。那么该如何管？起诉业主，不仅司法成本高，而且有违物业服务企业的服务理念。在区房管局执法大队和业委会没有进一步跟进的情况下，物业公司送达《违规整改通知书》，通过日常监管避免新的违规行为出现，是比较现实的处理方法。物业管理需要业主、物业服务企业和政府的多方配合和协调，很多事情仅仅依靠物业服务企业的力量解决是不够的。

实例 22：带领秩序队的技巧

【情景描述】秩序维护队员是小区安宁的守护者，秩序维护队伍的稳定是确保物业服务质量的重要基础。锦园物业服务中心秩序维护部有 40 余人，年龄基本在 30 岁以下，大都尚未成家。如何有效管理这支队伍？张队长说："工作时必须严格遵守公司制度，通过培训、BI 检查和会议讨论等多种形式，促进队员业务能力的提升。生活中大家可以打成一片，大家在外面都不容易，我们相处得像兄弟一样。"有空的时候，张队长与队员们一起买菜、做饭，再喝点小酒，说说心里话，谈谈理想和人生。有的时候，队员工作中受到委屈，甚至会发生个别业主动手殴打秩序维护队员的情况。每当这个时候,张队长都会在弄清真相的基础上,坚决维护队员的合法权益。工作中严格遵守制度,生活中像兄弟一样,这就是张队长管理这支队伍的经验。按照这样的方法,锦园秩序维护队伍保持着和谐与稳定。

【情景分析】物业服务工作具有较强的连续性,公司员工频繁跳槽不利于物业服务质量的提升。如何保持员工队伍的稳定,是很多物业服务企业面临的挑战。物业服务人员不稳定的原因是多方面的,从企业基层管理的角度来说,可以大有作为。年轻员工在回答辞职原因时通常会说工作不开心,深层次的原因则可能是紧张的人际关系。基层管理者应该把握员工的特点,用情、用心,想员工之所想,急员工之所急,这样可以有效地减少人员的流失。

第七章　物业管理专业人才培养的探索

根据中国教育在线网,2021年我国高校开设物业管理专业本科层次的院校仅有2所,高职有11所,国家开放大学部分分校提供专科层次物业管理专业继续教育,但没有以物业管理命名的研究生教育。由于现有物业管理专业的教育层次以高职为主,学制均为三年制,本章就以三年制高职教育作为实例进行分析。

第一节　物业管理专业人才培养现状

自党的十八大以来,我国物业服务行业发展日益引起社会的关注,现代物业服务业对从业人员的素质提出了新的要求,这势必导致对高校物业管理专业人才培养模式改革的需求。现代物业服务业的社会实践已经迫在眉睫,但理论研究几近空白;高校物业管理专业人才培养模式研究相对深入,但缺少基于现代物业服务业视角对人才培养要求的理论探讨。因此,我们有必要将两者结合起来,展开深入研究。本章涉及的前期调查包括物业服务企业访谈、物业服务企业项目负责人问卷调查及高校物业管理专业毕业生问卷调查三项。下文除特别标明出处的以外,引用数据都来自上述调查,且均以"调查"简称。

一、人才需求旺盛与学校招生困难现象并存

中国指数研究院发布的数据显示:2020年,百强物业服务企业提供就业

岗位 148.3 万个,同比增长 16.24%。按照管理人员占 20% 计算[1],仅百强物业服务企业需增加管理人员 4.14 万,而同期全国高校物业管理专业毕业生人数不足万人,且呈下降趋势。调查表明,高校物业管理专业毕业生进入物业服务企业从基层岗位到中层岗位历练年限大都在 3 至 5 年之间,显然低于性质类似行业正常的升迁年限,这说明了物业服务行业项目经理人才的缺乏。

学生是专业教育的主体,当前各院校物业管理专业发展中存在的问题突出表现为招生总人数下降、部分学校停止招生。招生人数与招生计划直接相关,招生计划的下调是各院校根据上年度报到情况调整的结果,反映了物业管理专业普遍存在招生困难的情况。以浙江为例,开设物业管理专业的院校仅有 3 所,其中高职 2 所。从全省招生计划总数来看,2010 年招生总人数为461 人,2014 年为 251 人,2021 年为 134 人,招生指标呈持续下降的趋势。与此同时,近年来各高职院校招生计划和录取总人数却逐年上升,这说明物业管理专业在高等教育中相对竞争力下降。长此以往,势必危及该专业的生存,从而导致物业服务行业专业人才的进一步紧缺。

二、就业率高与就业质量低现象并存

由于企业对专业人才需求远大于物业管理专业毕业生的数量,调查显示近年高校物业管理专业毕业生就业率近百分之百,甚至大都是毕业前一年就被各知名企业预订。以浙江省内目前开设物业管理专业的两所高职为例:杭州职业技术学院与万科物业建立了坚实的校企合作关系,大二结束时,该校学生就可以学徒身份进入企业开展实习,实现实习、就业的无缝对接;浙江东方职业技术学院物业管理专业与南都物业服务有限公司合作成立了订单班,很多学生大二时就获得了南都物业准员工的身份。

高职毕业生就业质量主要通过薪酬、社会保障、满意度及发展机会等因素来综合体现。[68]这些指标中以就业薪酬最具代表性。调查显示,高校物业管理专业应届毕业生毕业半年后平均月收入为 2300 元左右，三年内行业转换率为 68％，而麦可思研究院《2014 年中国大学生就业报告》显示，全国高职高专 2013 届学生毕业半年后平均月收入为 2940 元，三年内行业转换率为 54％。近年来，相关调查报告没有专门针对物业管理专业毕业生进行的调查。麦克思研究院发布的《2020 年中国大学生就业报告》显示，物业管理专业所属的建筑业大类 2019 届高职毕业生较 2017 届就业比例下降 11.2％。另有调查显示，认为当前物业服务行业从业人员的薪资水平很低或偏低的占 87.1％，在当前影响物业服务行业发展的政府政策、人才素质、企业经营、管理模式和社会认可等项目中，社会认可程度不高居第一位，达 38.7％。上述数据表明，物业管理专业毕业生社会需求量大，但就业质量不高，且低于同类院校平均水平。

三、现实问题及其成因

人才需求旺盛、就业率高体现了物业服务行业的社会需求及对专业人才的迫切需求，学校招生困难则说明现行环境有碍物业管理专业教育的可持续发展，就业质量低反映了物业服务行业发展存在的问题，也造成了招生难的现象。因此，人才需求旺盛与学校招生困难现象并存，就业率高与就业质量低现象并存，两组矛盾相互作用，形成当前高校物业管理专业教育发展面临的困境。

阻碍高校物业管理专业发展的原因有两个：一是当前物业服务行业发展存在的问题，主要表现为行业发展水平低、附加值低，从而导致从业人员薪酬低和社会地位低；二是现行高校物业管理专业人才培养模式存在的问题，主要表现为培养目标和规格单调、教学内容陈旧、校企合作乏力及考核方式不合理。人才培养的核心问题是人才培养模式创新，要通过课程体系来落实。因此，下面分别从高校人才培养模式创新和课程体系优化两方面进行探讨。

第二节　物业管理专业人才培养模式创新

一、现代物业服务业及其对人才培养的启示

当前,我国物业服务行业普遍面临着企业经营成本上涨、盈利空间被严重压缩的问题。[4]物业服务行业传统发展模式已难以为继,加快物业服务行业向现代物业服务业转型升级已成为业界的共识。传统物业服务从业人员主要包括下岗职工、退伍军人、农村剩余劳动力及少数大学毕业生[4],总体上文化层次较低、年龄偏高。传统物业服务从业人员不能满足物业服务行业向现代服务业转型升级的需要。高校物业管理专业发展面临的问题应从自身寻找原因:如何提高物业管理专业毕业生的社会竞争力?如何提升物业管理专业的社会形象及其对学生的吸引力?如何培养适合现代物业服务企业需求的人才?解决这些问题的关键在于现行物业管理专业人才培养模式的改革和创新。

二、物业管理专业人才培养模式创新策略

(一)结合专业特点设置培养目标

人才培养目标是办学主体根据国家教育目的和学校性质提出的具体培养要求,通常按照类型、层次、规格等维度进行描述,可选择其中一个或多个维度来进行衡量。当前高职院校比较普遍的表述是:为各行业一线培养高素质技能型人才。[69,70]这个定位对于高职教育总体上是合理的。但是,我们也要看到各个领域的区别,以物业管理专业为例,作为人力资源密集型行业,物业管理企业的人才供需一直呈现供不应求的状态,即使在万科、绿城等一流

的物业服务企业中,专科学历的项目经理、区域经理,甚至高工高管比例都很高,而物业服务企业的基层岗位,特别是保洁员和秩序维护员大都没有接受过高等教育。可见,对物业管理专业来说,如果将人才培养定位为一线高素质技能型人才,显然不切合实际。因此,以项目经理的素质要求设置物业管理专业人才培养目标更为合适。

(二)立足现实条件调整专业设置

高校要服务社会,为地区经济发展培养大量的高素质人才,就必须根据市场需求调整专业设置。在专业调整过程中,还要充分考虑自身的条件,主要包括师资力量、原专业及相关专业的发展基础等。合理做法应该是在综合市场需求和自身办学条件的基础上,审慎地调整专业布局;在充分运用专业建设成果的基础之上,适应社会对人才的需求。具体来说,高职院校做出撤销、归并和新设专业决策的基本思路如下:首先,要进行市场调研,调研对象应该涵盖行业发展、专业前景、家长和考生的社会认知等方面,对人才需求变化做出准确的判断;其次,研判相关专业的发展基础,能否充分利用已有的资源,包括师资、校企合作和实训设备等;最后,根据各高校的专业定位,对人才培养体系做出合适的调整。

(三)适应市场需求优化课程结构

合理的课程体系是人才培养质量的关键,课程体系是在一定的教学理念指导下,确定某个专业的课程结构和排列顺序,以达成专业培养目标的要求。这里涉及课程选择和顺序排列两个关键问题,在课程选择中,应基于对人才素质的需求及其变化的市场调研,增加符合行业需求的课程,对不符合市场需求的课程予以归并和撤销。[71]比如,很多物业服务企业正在广泛运用互联网开展电子商务,类似"计算机网络技术""信息管理系统""电子商务实务"等课程开设的必要性增加。在课程排列顺序方面,应结合学生基础和各课程之间的有机联系,对原有的和新设的课程开设顺序进行重新调整。这里要特别注意的是,关于课程体系的调整是一项非常严肃的工作,增删课程必须建立在全面的市场调研和充分的论证的基础之上才能展开。同时,考虑到信息化时代瞬息万变的特点,应该适当增加课程体系调整的次数,由新生入校之前的一次性确定改为多次调整。

(四)通过全面统筹提升师资水平

师资力量包括两个层面:一是教师个人的专业能力、教学能力和道德修养的要求;二是整个教学团队的知识结构、年龄结构以及团队文化的综合。对于教师个人来说,要根据个人需求选择合适的培训项目。新进教师要特别强调基本教学能力的培养,可以通过以老带新、助教、听课、评课等制度设计,提升教学能力;对于已具备一定教研经验的中青年教师,要强化其专业知识更新和研究水平的提升,可以通过针对性的培训项目和科研课题来实现;对于经验丰富的中老年教师,除了发挥其培养青年教师的优势,也要针对性地进行知识结构更新,在物业服务转型升级的背景下,新理念、新技术和方法是重点。作为物业管理专业教师,必须对行业一线有充分的认知,这方面对所有教师的要求都是一样的,只是对不同的个体,在实现方式上会有差异。从教学团队的角度来看,应该结合各院校要求和教学工作实际,合理规划、统筹安排,实施教师提升计划,包括学历进修、短期培训与访学、企业挂职及不定期的企业考察等。

三、物业管理专业人才培养模式创新

人才培养模式是人才培养质量的首要问题。经过十多年的发展,与传统物业服务行业发展状况相协调,高校物业管理专业已初步形成了结构比较稳定的人才培养模式。在物业服务行业向现代服务业转型升级的背景下,须从培养目标、培养规格、教学内容、校企合作和考核方式等方面创新高校物业管理专业人才培养模式。[72]

(一)重设人才培养目标

高校物业管理专业人才培养目标设定之前要明确三个问题:第一,本专业理论知识和操作技能是什么? 众所周知,物业管理专业是涉及知识面非常广泛的专业,在专业教学中如何做到抓住重点是至关重要的问题。第二,培养什么类型的人才? 是保洁、绿化、建筑等技术人才还是管理型人才? 在物业服务行业专业人才需求远大于供给的现实状况下,结合行业发展现状,将培养目标定位为管理型人才更为合理。第三,培养什么层次的人才?"一线高端技能型人才"是当前高职教育的通行提法。尽管毕业生须从一线干起,但物业管理专业教育的现实决定了绝对不能拘泥于一线,应凸显中高层物业管理人才应具备的素质要求来进行规格定位。

综上所述,当前各高职院校物业管理专业人才培养目标可以表述为"本专业培养具有良好职业道德、掌握基本专业理论知识与操作技能、从事管理岗位为主的高端技能型物业服务人才"[4]。由于现代物业服务行业对人才的需求呈现专业化、差异化的趋势,以上述表述为基础,可根据物业服务企业对人才的不同类型需求,结合各院校物业管理专业建设实际情况,合理定位,重新设定具有各自特色的人才培养目标。

(二)提升人才培养规格

人才培养规格包括基本素质、知识要求和能力要求三个方面,基本素质通常与公共课程相对应,知识要求和能力要求与专业课程教育相对应。知识是能力的基础,在人才培养实践中两者具有深刻的内在联系。现代物业服务业的特点决定了其对人才素质的要求,现代物业服务业以客户需求为中心,要求学生掌握客户心理学、物业经营、市场营销学和社区管理等方面的知识,具备与客户沟通及需求管理的能力;现代物业服务业应用现代科学技术和管理方法,要求学生具备计算机及网络、社区电子商务、楼宇智能化和现代企业管理等方面的知识,以及运用新技术和新方法的能力;现代物业服务业强调开发增值服务,要求学生掌握项目管理、商务谈判、招投标及创新经营的知识,具备拓展业务范围、创造企业利润的能力。综上所述,在传统高校物业管理专业人才规格的基础上,强化现代物业服务业对人才素质的要求,重点在知识和能力两个方面进行调整,结果如表 7-1所示。

表 7-1 高校物业管理专业人才培养规格

规格类型	具体要求
基本素质	1.具有热爱祖国、热爱社会主义的政治素质 2.具有吃苦耐劳、勇挑重担的健康体魄 3.具有较强的工作适应能力和心理承受能力 4.具有诚实守信、敬业爱岗的职业道德和团队合作精神 5.具有管理和经营的创新意识▲
知识要求	1.熟悉房屋结构、建筑识图及房屋维修预算等知识 2.熟悉各类物业设备设施及其维护保养知识 3.熟悉物业公关、物业财务管理和物业档案管理等基础理论知识 4.掌握物业保洁、绿化、消防、秩序维护等环境管理知识 5.掌握物业管理中日常服务的制度、流程、标准和基本要领 6.熟悉物业管理专业工作涉及的相关法规 7.熟悉房地产开发、经营、中介及其相关法律法规▲ 8.熟悉房屋智能化、物联网、计算机网络、管理信息系统和电子商务等知识▲

规格类型	具体要求
能力要求	1.具有较强的语言表达与沟通能力 2.具备阅读、运用和编制物业管理相关文件资料的能力 3.具备记录、收集、处理、保存各类与专业活动相关的信息资料 4.具备解决物业管理常见纠纷、开展日常服务的能力 5.具备物业公关、销售及财务管理的基本能力 6.具备运用计算机网络、物联网和电子商务等现代技术的基本能力▲ 7.具备商务谈判、招投标及开展创新经营的基本能力▲

注:标记▲的条款体现了现代物业服务业对人才素质的要求。

(三)深入推进校企合作

校企合作是高等职业教育发展的应有之义,校企深度融合是高校物业管理专业建设的重要目标。在物业服务行业向现代服务业转型的背景下,校企深度合作显得尤为重要。校企合作有丰富的内涵,其中以学生顶岗实习最为关键。

校企深度合作的思路是按照互惠互利的原则,通过合作科研、学校服务企业培训、教师挂职、学生顶岗实习等方式建立长效的校企合作机制。在合作科研方面由企业高工高管与学校专业教师组成科研团队,突出物业服务企业转型、人才培养模式创新等领域的研究;服务企业培训是指学院充分发挥专业教师的专业优势,重点对企业提供改善服务理念、提升理论素养等方面的培训;教师挂职则应选择转型升级实践较为成功的大中型物业服务企业,参与现代物业服务业的实践;学生顶岗实习是校企合作的重点,应根据不同的任务要求分阶段实施,并使之制度化。表7-2是高校物业管理专业学生顶岗实习安排及其要求,各阶段实习在传统人才培养目标的基础上应提出新的要求,以适应现代物业服务业发展的需要。

表 7-2　高校物业管理专业学生实训实习安排及要求

实训阶段	实训实习目的	特色
专业认知实训	了解物业管理项目的基本构成要素,增加对物业管理环境效果的认知与体验	强调对现代物业服务业工作环境的体验
课程专项实训	学生在课程理论学习阶段,到校外实训基地开展有针对性的观摩、考察、操作等实训,以达到职业素养、专业技能和社会能力的提高	强调传统物业服务工作技能与现代物业服务业工作要求相结合
毕业顶岗实习	要求学生以"准员工"的身份到企业中进行顶岗工作,争取毕业后能直接上岗	强调现代物业服务业实践工作的参与

(四)改革考核方式

在课程考核评价体系方面,基本要求是重视知识与技能结合、校内校外并重。基于前文的分析,这里将高校物业管理专业课程分为基础理论、综合管理、专业应用及实训实习四个模块,分别设计考核方式。高校物业管理专业课程考核方式及要求如表 7-3 所示。

表 7-3　高校物业管理专业课程考核方式及要求

课程类别	评价主体	考核方法及比例	考核要求	内容特色
专业基础课程模块	学校	理论笔试(100)	考查学生对专业基础理论知识的记忆和理解	强调现代物业服务业所需的基本理论素养
综合管理课程模块	以学校为主、企业为辅	理论笔试(50)课程实训(50)	考查学生对综合管理知识的掌握及应用能力	强调现代物业服务业从业人员的管理素养
专业应用课程模块	以学校为主、企业为辅	理论笔试(40)课程实训(60)	考查学生对专业应用知识的掌握及应用能力	强调现代物业服务业从业人员的专业素养

课程类别	评价主体	考核方法及比例	考核要求	内容特色
实训实习模块	以企业为主、学校为辅	综合实训(100)	考查学生岗位实际操作能力	强调现代物业服务业岗位的适应能力

理论笔试部分重点在考查课程基本理论的记忆和分析,课程实训由学校联系企业共同制定考核标准并以学校为主实施,综合实训由学校联系企业共同制定考核标准并以企业为主实施。在考核方法创新方面,重点在综合管理课程模块的实训考核部分,可以运用360度评价方法和实训作业评价,前者适合过程导向型的课程实训,学生成绩由项目团队及教师评分综合评定,后者适合结果导向型的课程实训,学生成绩由教师根据校企共同制定的评分标准评定。在考核内容设计方面,基本思路是按照转型升级对人才素质的要求,由传统的知识性考核转变为以实践为主的能力和素质考核,突出考核学生经营管理创新能力。

高校物业管理专业人才培养面临困境的影响因素很多,可以大致分为内外两个方面,本节着眼于人才培养模式创新,是从专业自身的角度寻找问题及解决办法。外部影响因素则包括物业服务行业的发展水平、政府职能部门的重视、社会认知等。从高校自身来看,人才培养模式须通过课程体系来落实,下面围绕课程体系优化展开讨论。

第三节　物业管理专业课程体系的优化

一、物业管理专业课程体系存在的问题

随着物业服务行业转型升级的推进,现代物业服务行业发展迅速,从而

对物业服务人才的能力结构提出了新的要求。[7,73]当前,物业管理专业课程体系存在的问题大致可以归结为主客观两个方面。从客观的角度而言:教材建设落后导致了课程体系的改革。以装修管理课程为例,装修管理工作在物业管理实践中非常重要,尤其在新项目入驻阶段,物业管理员大部分时间都在处理装修管理相关工作,但是目前却没有相关内容的教材。原因在于物业管理属于小众专业,教材编撰成本高、收益低,限制了组织编写相关教材的积极性。从主观的角度来说,物业管理专业课程体系不能适应社会需求。下面具体从课程目标、课程内容、课程设置和课程评价等角度进行分析。

(一)课程目标模糊

课程目标从属于人才培养目标,当前物业管理专业大多将培养定位为"一线高端技能型人才",具体到物业管理专业而言,至少存在两个问题:一是定位过于抽象,不能反映物业管理专业的特征。物业管理属于第三产业,对从业人员要求更多的是沟通、协调、文案撰写等能力,这显然与理工类专业的技能有很大的区别。二是规格偏低,不能适应行业需求。据测算,"十三五"期间,浙江全省物业管理人员年均需求超过1万人,而同期全省每年毕业生人数不足300人。调查表明,毕业生从基层岗位开始,升迁到中层的时间在3~5年。需求与供给的巨大缺口对人才培养提出了更高的要求,如果人才培养仅仅定位为服务"一线",这样势必不利于毕业生长远的发展。相应地,对于物业管理专业课程教学目标也提出了要求,物业管理专业课程具体教学目标须适应学生中长期发展所要求的基本素质需求。

(二)课程设置不合理

课程的新旧是相对于行业现状而言的,物业服务行业转型升级对物业管理专业传统的教学内容提出了挑战。近年来,物业服务行业发生了急剧的变化,资本市场开始青睐物业服务行业。物业服务行业面临前所未有的压力和机遇,亟待转型升级,对于物业管理人员来说,必须适应物业服务行业对人才专业化水平的要求。传统物业管理专业课程设置大而全,涉及建筑、工程、管理等学科,试图涵盖物业服务企业涉及的全部业务范围,在新形势下,物业管理人员的核心能力显得尤为重要。课程设置与毕业生的能力结构相对应,传统物业管理专业课程体系中建筑及制图、物业设备设施、园林绿化等技能方面的课程偏多,而培养学生运用现代管理和技术的信息管理、房屋智能化、电子商务等课程偏少。

(三)课程内容陈旧

与课程设置相对应,课程内容是从微观的角度探讨课程设置的更新。计算机通信技术及电子商务对行业产生了重大的影响。一方面,物业管理员的工作越来越依赖于微信、QQ 等 APP 手段来完成,电子巡更、网络夜查、网络分配维修单等业务逐步推广,具备保洁和保安功能的机器人开始应用,客户的物业服务体验正在发生变化。另一方面,电子商务给物业服务企业带来了开展增值服务的机会,物流行业"最后一公里"问题要求物业服务行业有相应的对策。这些变化对物业从业人员的思维、能力,乃至物业服务企业管理体系提出了全新的要求。这就要求物业管理专业常规教学应全面、及时关注行业的变化,根据物业服务行业的需求安排教学内容,采用新的教学手段。

(四)课程评价单一

课程评价包括考核主体、考核方式、考核内容及比例等。传统的考核主体以教师为主,缺少学生互评和企业评价,学生互评在考查学生沟通协调和团队合作等方面的管理能力上具有特殊的优势,企业评价则在实训实习环节具备无可替代的作用;传统考核方式以卷面考核的方式为主,这种方式难以考查学生运用现代管理手段和技术的水平,可以尝试增加项目实施和网络作业的方式对学生进行考核;传统考核内容以物业管理理论和知识为主,缺少反映人员素质的内容,适应物业服务行业的新要求,合理调整考核内容及其比例,以达到全面、科学地评价学生素质的要求。

二、物业管理专业课程体系的优化

(一)优化目标

课程体系设计与人才培养模式相适应,课程体系的设计应体现物业管理专业毕业生的培养目标、能力结构、就业岗位及其发展。[74,75]下面从这三个方面阐述物业管理专业课程体系设计目标。物业管理专业培养目标可确定为:培养适应信息时代需求的高端物业管理与服务、房地产经营与管理领域,掌握现代物业服务与管理的基本理论、方法和技能,从事物业管理、房地产经营及其相近工作,且具有职业生涯持续发展能力的高素质技能型人才。物业管理专业人才培养规格须包括:具有运用计算机处理日常工作信息和专业交流的基本能力,记录、收集、处理、保存各类专业活动信息资料的能力,运用计算机网络及现代信息化设备的能力。该专业主要面向物业管理行业,同时包括政府系统及其他事业单位后勤服务中心、大型企业后勤部门、街道与社区、业主委员会等与物业管理相关的服务组织。具体情况如表7-4所示。

表7-4 物业管理专业毕业生就业岗位汇总

岗位类型	主要岗位	次要岗位
初始岗位	物业管理员、管家助理、管家秘书、物业管理秘书	案场接待员、房地产策划员、房产销售员、置业顾问、酒店物业管理员
发展岗位	物业管理项目经理、主管、部门经理、管家或专员、物业管理专员	主管、专员、部门经理、房地产经纪人、房屋租售经理
高级岗位	物业服务企业总经理	总经理、房地产销售总监

（二）课程体系结构

物业管理专业课程体系包括公共课程和专业课程两大部分,本书以专业课程为讨论对象。物业管理专业课程体系分为专业基础、专业实务和素质拓展三个模块,包括 18 门理论课程和三次顶岗实训实习。为适应移动互联网时代的需求,设置了电子商务实务、智能建筑概论、物业信息管理和智慧社区管理四门课程,相应的实训项目在顶岗实习中分别设置。课程结构如表 7-5 所示。

表 7-5　移动互联网背景下物业管理专业课程体系

模块划分	专业课程	实训课程	特色课程说明
专业基础	管理学基础 物业管理概论 建筑工程概论 物业管理公共关系及礼仪 电子商务实务 △	新生始业教育 短期课程实训	电子商务实务:通过学习 B2B、B2C、C2C 网上交易模式,具备商品上架和更新、文字信息发布、订单处理、客户沟通、市场推广等实务操作技术能力
专业实务	智能建筑概论 △ 房屋维修与预算 物业设备与设施 物业环境管理与服务 物业管理法规及案例分析 物业会计与财务管理 物业信息管理 △ 物业管理综合实训	短期课程实训 专业认知实训 专业综合实训	智能建筑概论:通过学习智能建筑基本理论知识,掌握综合布线系统、传输介质等基本操作要领和技巧 物业信息管理:通过对物业信息系统基本理论的学习,具备物业管理日常工作中常见软件的应用、维护和开发的基本能力

续表

模块划分	专业课程	实训课程	特色课程说明
素质拓展	物业管理应用文书 房地产开发经营 房地产经纪 智慧社区管理 △ 物业管理英语	专业综合实训 毕业顶岗实习	智慧社区管理:通过学习智慧社区的基本理论、建设案例、智能管理与全方位服务流程等,具备对社区智能化及其配套的软、硬件系统产品进行管理的能力

注:标注△的为特色课程。

(三)课程体系的实施

以三年制高职为例,物业管理专业"三进三出"交替培养模式是指学生先后三次进入学校学习,三次走出校门参与企业实训实习,从而形成理论与实践相结合的教学模式。第一次专业认知实训安排在第 4 学期;第二次专业综合实训安排在第 5 学期;第三次毕业实习安排在第 6 学期。如图 7-1 所示。

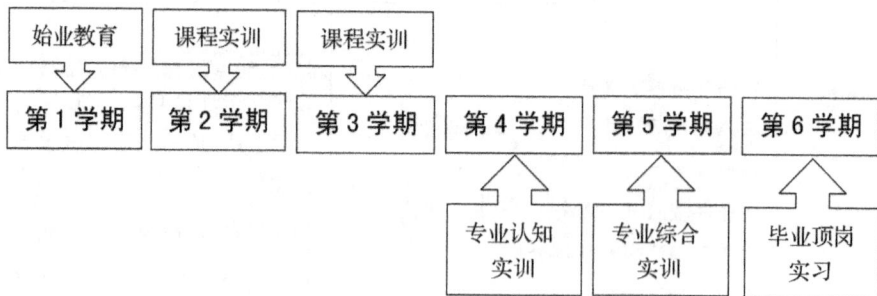

图 7-1　三年制高职物业管理专业"三进三出"工学交替模式结构

从专业课程的开设时间来看,专业基础模块的课程主要在第 1、第 2 学期,此阶段还需完成公共课教学,专业实务模块的课程主要在第 3、第 4 学期,此阶段还需完成考证培训,素质拓展模块的课程则安排在第 5 学期,新生始业教育、短期课程实训、专业认知实训、专业综合实训和毕业顶岗实习按照课程进度分别做相应的制度性安排。

　　本节是从现代物业服务业需求的角度,思考物业服务行业对人才的需求,立足于课程体系优化,推进专业自身建设,提升物业管理专业竞争力的角度展开的。招生冷与就业热并存是影响物业管理专业多年来生存发展的主要矛盾,在物业服务转型升级的背景下,可以探讨从职业形象、社会认知和专业建设等多方面展开讨论。因此,后续还需要从多方面探讨物业管理专业发展的问题,从而促进物业管理专业的可持续发展。

第八章 经验总结与管理启示

本书以星河物业实践为例,通过对传统物业服务"四保"模式到现代物业服务"四臻"模式的转变进行理论分析,基于现代物业服务"四臻"模式的情景分析及其要求,探讨了我国物业管理专业高等教育的发展现状、人才培养模式创新和课程体系优化等问题。本章以上述研究为基础,全面总结中小型物业服务企业转型升级的发展经验,并探讨现代物业服务业发展的基本目标和具体策略。

第一节 中小型物业服务企业转型升级的经验总结

一、深刻分析客户内在需求

中小型物业服务企业转型升级的经验总结基于上述星河物业近年来的发展状况,同时结合了国内外物业服务行业发展的理论与实践成果,力求全面分析物业服务行业发展现状,并探讨促进现代物业服务发展的目标和策略。

(一)确立以客户为中心的服务意识

传统物业管理可以归纳为"四保"模式,即保安、保洁、保绿和保修等基本物业服务。其基本思路是围绕房屋及其附属设施展开的,强调物业服务行为和手段,实质上是按照以物为本的管理思路展开的。现代物业服务力求服务模式变革,本书以星河物业实践为基础提出"四臻"模式,并不是要否定传统物业管理的做法,现代物业服务强调以人为中心、以客户为本。现代物业服务要求不仅仅要把保安、保洁、保绿和保修等基本物业服务职能做好,全体物业服务人员要有客户意识,所有物业服务工作最终都是为客户服务,满足客户需求,提升物业的附加值。

(二)系统分析客户对物业服务的需求

中小型物业服务企业要秉持以客户为中心的理念,具备系统化的思维,全面分析客户对物业服务的需求,具体要做到以下两点:一是中小型物业服务企业要有专门的客户服务人员和部门。在许多优质物业服务项目的物业服务中心,不仅开设了专门的客户服务部,而且客户服务部的地位要高于其他部门,对相关职能部门具有协调、统筹的能力。二是中小型物业服务企业要定期开展客户满意度调查和分析。多数大中型物业服务企业已经形成年度客户满意度调查制度,但存在调查项目简单、频率低和分析手段单一等问题,中小型物业服务企业要积极运用现代物业服务调研理论和方法,提升中小型物业服务企业,满足客户对物业服务的要求。

二、全面提升物业服务标准

(一)强化物业服务标准对于物业服务质量的保障作用

传统物业服务实践过程中频繁出现清洁卫生不到位,小区环境变得脏乱差;安保工作不到位,导致小区的秩序混乱,偷窃等案件频发;园区植被损毁严重,绿化环境糟糕;设备维修找不到人,效率低下等问题,使得客户的满意度和幸福感越来越低,对物业服务人员不信任,影响物业服务企业甚至整个物业服务行业的形象。造成上述乱象的根本原因在于传统物业管理缺少物业服务质量标准,或者已有的物业服务质量标准太低,使得物业服务质量得不到基本的保障。一旦物业服务标准开始实施,物业服务企业应严格遵守物业服务标准的要求,强化对日常服务工作的监管,促进物业服务企业的规范化管理。

(二)发挥物业服务质量标准对物业服务质量的促进作用

星河物业在物业服务质量标准建设及管理上投入了较多的资源,也取得了较好的成效,具体有以下三个方面的经验:一是星河物业改变原有模式,强调"四保"服务理念与现代物业服务理念的融合,以"四保"模式为基础设立标准。星河物业在制定标准时,具体到每项职能、每个工作人员、开展每项工作,都有相应的标准,对于物业服务人员的行为仪表、工作内容、微笑服务都有要求,这就使得物业服务标准具有很好的可操作性。二是星河物业有自己的考核制度和相应的培训体系,用以培养全体员工的服务精神,并要求物业服务人员做好每一个服务细节。三是星河物业的物业服务考核标准是公开和透明的,客户可以根据考核标准监督他们,从而减少物业服务纠纷的发生。

三、充分应用现代信息技术

(一)现代信息技术是现代物业服务的应有之义

现代物业服务业是以满足客户需求为中心,充分运用科学技术和现代管理方法,围绕房屋管理开展的一系列增值服务的总和。可见,充分运用包括现代信息技术在内的科学技术是现代物业服务的基本特征。互联网、物联网和人工智能等现代信息技术逐渐融入人们的生活,如果中小型物业服务企业缺少运用现代信息技术的能力,就不可能提供优质的物业服务,传统物业服务行业也就缺少了转型升级的重要手段。

(二)现代信息技术是物业服务发展的基本动力

星河物业在客服、绿化、保洁、维修、秩序维护及增值物业服务中全面引进了现代信息技术,有效降低了物业服务成本,同时还提升了物业服务质量。星河物业将现代信息技术视为物业服务发展的基本动力,具体经验如下:一是计算机及互联网技术的全面应用是发展现代信息技术的基础;二是积极适应大多数客户需求,从传统的线下模式转变为线上模式;三是运用现代信息技术开展物业管理可以有效降低服务成本并提升管理水平。总之,充分应用现代信息技术可以全方位地促进物业服务行业的发展。

四、适时调整物业服务项目

(一)物业服务项目的特征是选择管理模式的基础

不同类型的物业服务项目之间存在显著的差异,住宅类项目与公建类项目服务对象截然不同。尽管物业服务企业具有基本的物业服务职能,但由于服务对象的差异,物业服务企业在履行基本物业服务职能时会存在较大的差异。比如住宅类物业收费对象为小区内各家各户,公建类物业收费对象通常是几家甚至一家公共服务组织。同时,由于公建类项目是帮助政府去管理基础设施,所以非住宅物业的服务将会由原来的双方之间的关系变成三方之间的关系,也就是物业服务企业—行政主管机构—使用基础设施的人。因此,物业服务企业选择了物业服务项目之后,就必须根据服务项目特点选择具有针对性的管理模式,并提供相应的物业服务。

(二)适当调整物业服务项目有利于促进转型升级

随着物业服务行业市场化程度的加深,物业服务市场竞争日趋激烈,其中以高端住宅类物业服务项目尤为典型。国内大型物业服务企业大都是大型房地产企业的附属企业,而这些房地产企业主要集中在住宅地产领域。由于大型物业服务企业具有明显的资源优势,高端住宅类物业服务项目就成为大型物业服务企业竞逐的对象,而广大中小型物业服务企业则处于被淘汰的边缘。星河物业作为区域内中小型企业,曾经接管过高端住宅类物业服务项目,但近年来面临着严峻的压力。星河物业作为一家具有国资背景的一级资质物业服务企业,在公建类物业服务项目市场中具有特有的优势,因此星河物业转型之初就开始聚焦公建类物业服务项目,目前该企业服务的公建类项目已超过其服务项目总数的七成。物业服务项目调整直接体现了物业服务企业的转型,物业服务企业转型是升级的基础。因此,物业服务企业可通过调整物业服务项目,促进其转型升级。

第二节　中小型物业服务企业发展现代服务的目标和策略

一、发展现代物业服务的基本目标

(一)发展现代服务是总体方向

发展现代服务业的提法最早出现在 1997 年的十五大报告中,2010 年和 2012 年,国务院政府工作报告两次提出要"大力发展物业服务业"。随后,中国物业管理协会"物业管理向现代服务业转型升级"课题的研究[69,70],标志着发展现代服务业成为业界的共识,发展现代服务是物业服务行业的总体方向。对于中小型物业服务企业而言,面对激烈的市场竞争必须保持足够清醒的认识,坚持正确的目标,做正确的事情。市场策略可以改变、服务项目可以调整,但发展方向须始终如一,即不断提升自身经营水平,适应物业服务行业发展的总体方向。当然,现代服务并不是一成不变的,在特定条件下可能会有特定的内涵,但是现代物业服务业的总体方向就是要求物业服务企业坚持采用现代管理方法和现代信息技术不断满足客户需求的目标。

对于中小型物业服务企业来说，物业服务理念要与时俱进，就是要坚持现代信息技术和现代管理方法相结合的物业服务理念。星河物业正是坚持了现代服务理念，通过对品质、需求、技术和社会责任的全面追求，提出了适合自身现代化发展的"臻星"服务体系。近年来，星河物业服务项目和员工人数快速增加，总体经营效益实现了大幅度增长，对于广大中小型物业服务企业转型升级具有良好的示范意义。

（二）运用新兴技术是基本手段

随着物业服务行业的发展，新兴技术已经成为中小型物业服务企业转型升级的基本手段。对于物业服务企业提供的专项服务，新兴技术可有效提升物业服务质量。在中小型物业服务企业用工成本日益提高的条件下，新兴技术可部分替代人工劳动，缓解招工难、留不住人的管理难题。新兴技术应用在人力资源、财务和行政管理中，还可以提高工作效率、保证工作质量。

随着数字经济的快速发展，大数据、人工智能及物联网技术风起云涌，日益成为推动我国社会经济发展的强大动力。物业服务行业应积极拥抱新兴信息技术，从宏观上做好适应新兴信息技术发展的经营战略。在具体经营策略层面，可以通过与相关科研院所合作进行联合攻关、与专业公司合作进行劳务外包等形式，为中小型物业服务企业可持续发展奠定技术基础。

（三）满足客户需求是核心动力

现代营销坚持以客户为中心的理念。星河物业积极应用现代营销理念以持续满足客户需求为中心，以转变经营策略为契机，指导企业具体行动。对于住宅类项目客户来说，星河物业借助新兴技术不断夯实基础类物业服务，在物业服务实践中提出"臻星"服务体系。与传统物业"四保"服务模式的区别在于,"臻星"服务体系坚持以客户为中心,追求持续满足客户需求,为物业服务行业转型升级发挥了核心作用。本书将星河物业实践总结为现代物业"四臻"模式理论。

满足客户需求是现代物业服务的基本追求,这是不同物业服务企业在经营不同类型物业服务项目时的共同追求。在具体的物业服务经营策略中,星河物业又区分了住宅类物业服务项目与非住宅类物业服务项目。住宅类项目以业主为中心,物业服务企业不仅应关注客户日常需求,还应关注客户对物业保值增值的需求。对于公建类物业服务项目而言,物业服务企业的服务对象是公共组织,最终服务对象为享受公共服务的所有人,因此,物业服务企业理应关注公共组织功能的有效运作,为公共服务机构和访客提供优质的服务保障。

(四)合理定位市场是关键策略

中小型物业服务企业的资金、技术和人力资源有限,如何在物业服务行业巨头快速扩张的现实环境中突破困境,是中小型物业服务企业发展迫切需要解决的现实问题。通过合理定位物业服务市场,实施差异化战略,是中小型物业服务企业发展的关键策略。当前,物业服务行业处于市场扩张阶段,中小型物业服务企业承接新的物业服务项目,是今后一段时间的行业发展主旋律。物业服务行业发展的现实状态为物业服务企业发展提供了基本条件。

星河物业在住宅类业务市场上面临绿城、万科和碧桂园等行业巨头的竞争,缺少参与全面竞争的资源。但作为具有国资背景的区域中型物业服务企业,星河物业承接公建类项目是较好的选择。根据比较优势原理,星河物业从住宅市场向公建类物业服务市场转型无疑是正确的选择。星河物业通过合理的市场定位进行转型升级的做法,对在困境中发展的中小型物业服务企业具有较好的借鉴意义。

二、发展现代物业服务的具体策略

(一)经营理念发展策略

经营理念统领企业发展方向、共同信念和经营目标,因此,确立先进的经营理念对中小型物业服务企业转型升级具有全面的引领作用。传统物业管理理念不符合转型升级的需要,当前急需更新物业服务企业的经营理念。首先,传统物业管理是以物为中心,现代物业服务应以人为中心。以人为中心是对以物为中心的升华,是以人为本理念在物业服务中的体现。其次,中小型物业服务企业转型升级应具备市场营销意识,即在物业管理中以客户需求为中心,不仅要识别和满足客户需求,还要根据市场规律开发和引导客户需求。最后,中小型物业服务企业还应该贯彻专业化、规模化和现代化的发展理念,着眼于未来,确保行业的转型升级。

(二)组织结构发展策略

传统物业服务企业通常采用直线制、职能制和直线职能制结构居多,这三类组织结构的优点是结构稳定、权力集中、条块分割明晰。缺点是组织内部缺乏弹性,不利于组织创新及规模化发展。组织结构创新的基本思路:一是组织结构扁平化。随着中小型物业服务企业规模的扩大,组织层级会不断增加,传统组织结构将难以为继,按照扁平化组织结构的要求,通过实行权力下放,减少中间层级,增强中小型物业服务企业的适应性。二是组织结构虚拟化。虚拟组织是知识经济时代的产物,具有对物业服务市场规模化、经营一体化和经营微利化竞争的适应性。随着物业服务专业化水平的提高,中小型物业服务企业可将专业工作委托给各类专业公司,从而形成物业服务管理职能虚拟化,在这种环境下,要求中小型物业服务企业具备对关键性资源的控制能力。

（三）技术应用发展策略

现代技术在中小型物业服务企业转型升级中具有基础性作用。基于中小型物业服务企业的转型升级，现代技术应用策略包括三个方面：一是互联网的应用。在物业服务行业现代技术应用中互联网具有基础性作用，其他技术通常要以网络为基础发挥作用，同时在电子商务快速发展的今天，中小型物业服务企业还可以借助网络，发展社区电子商务和增值业务。二是管理信息系统的应用。物业管理信息系统是指由人和计算机等组成的，专门用于物业信息的收集、传递、存储、加工、维护和使用的系统。物业管理信息系统是中小型物业服务企业智能化的基础。三是物联网的应用。物联网是以互联网为基础，在客户端上延伸和扩展到任何物品与物品之间进行信息交换和通信的网络。物联网技术方兴未艾，将为物业服务高端化提供保障。

（四）人力资源管理发展策略

人力资源在中小型物业服务企业转型升级中具有关键性的作用。人力资源管理是指通过规划、招聘、开发、考核等管理职能对人力资源进行有效管理，保证组织目标实现与成员发展最大化的一系列活动的总称。在转型升级的背景下，中小型物业服务企业人力资源管理应进行全面的创新：物业人力资源规划要求企业合理预测各类人才的需求与供给，并为后续工作制定有效的措施；物业人力资源招聘要求合理设计选拔制度，确保优质人才的录用；物业人力资源开发是指通过培训提升现有物业人才的业务水平，以适应企业发展的需要；物业人力资源考核是指根据企业发展需求，科学合理地对人才进行评价。物业人力资源管理各项职能的创新，须服务于中小型物业服务企业的转型升级。

参考文献

[1] 中国物业管理协会.2018 年全国物业管理行业发展报告[R].北京:中国物业管理协会.(2018-10-16)[2021-10-30].

[2] 巩固.天骄股份发展战略研究[D].南京大学,2016.

[3] 孙颖立.基于技术管理驱动的现代物业服务发展研究[J].企业改革与管理,2019(19):16-17.

[4] 左文进.现代服务业视角下高职物业管理专业人才培养模式研究[J].当代经济,2014(22):84-86.

[5] 中国社会科学院财经战略研究院课题组,宋则.我国商贸流通服务业战略研究[J].经济研究参考,2012(32):3-48.

[6]张晓辉.我国物业管理业问题与对策研究[D].青岛:山东科技大学,2005.

[7] 杨萌.关于物业管理转型的思考[J].中国物业管理,2013(7):10-13.

[8] 唐辉亮,舒晓婷.中国经济转型升级的历史沿革与理论创新[J].商业时代,2014(7):34-35.

[9] 叶天泉,刘湛琛,安旗.论我国物业管理可持续发展战略[J].中国房地产,2000(1):74-76.

[10] 张农科.关于我国物业管理模式的反思与再造[J].城市问题,2012(5):2-14.

[11] 杨莉,刘辉.物业管理产业化研究[J].山东社会科学,2008(3):93-95.

[12] 王向明,李海芳.小区智能化物业管理概述[J].煤炭工程,2002(8):27-28.

[13]张年.转型期物业管理的社会政策分析[D].上海:复旦大学,2009.

[14]唐欣,王德成.我国现阶段物业管理运营模式初探[J].山东农业大学学报(社会科学版),2003(2):31-35.

[15]刘伟杰.中国物业管理发展趋势分析[J].中国物业管理,2006(7):16-17.

[16]程存峰,严霄蕙.物业管理行业的发展趋势分析[J].中国商论,2019(4):217-218.

[17]杨萌.中国物业管理未来模式4大畅想[J].城市开发,2007,14(9):41-43.

[18]李永然.物业管理法律问题研究[D].北京:中国政法大学,2005.

[19]刘志雄.澳门物业管理的可持续发展研究[D].武汉:华中科技大学,2011.

[20]左文进.转型升级视角下物业服务行业的发展研究[J].中国商贸,2014,23(21):195-197.

[21]王苹,满孝青.论我国物业管理现状及对策[J].武汉理工大学学报(信息与管理工程版),2003,25(4):120-122.

[22]李跃.树形产业结构分析方法研究[D].青岛:山东科技大学,2018.

[23]王寒凝.我国废弃物能源化利用的能源环境效益评价研究[D].长春:吉林大学,2019.

[24]宋正一.R&D投入对我国高新技术产业发展的影响研究[D].重庆:西南大学,2015.

[25]任静思.经济新常态下内蒙古产业转型升级路径研究[D].呼和浩特:内蒙古大学,2016.

[26]龚琼.农业废弃物好氧发酵产业发展适宜性评价方法与应用研究[D].北京:中国农业科学院,2020.

[27]郑诗航.长三角城市群人口老龄化对产业结构调整的门限效应研究[D].
上海:华东政法大学,2018.

[28]刁虹.金融发展对服务业增长的作用研究[D].大连:大连理工大
学,2013.

[29]何筠.江西企业人力资本与企业核心竞争力研究[J].企业经济,2003
(12):169-171.

[30]张鹏.浅析远东国际租赁有限公司的核心能力[D].上海:复旦大
学,2009.

[31]Kevin P C,Stephen J D Hall,Patricia G Clifford.亦真亦幻的核心竞争
力[J].中国企业家,2001(9):74-77.

[32]全一鸣.企业核心能力相关理论文献综述[J].中国市场,2019(17):
89-90.

[33]刘世锦,杨建龙.核心竞争力:企业重组中的一个新概念[J].中国工业经
济,1999(2):64-69.

[34]管益忻.企业核心竞争力——战略管理赢家之道[J].中国人力资源开
发,2003(4):65.

[35]荆德刚.企业核心竞争力的经济学分析[D].长春:吉林大学,2005.

[36]陈伟,杨早立,张永超.网络结构与企业核心能力关系实证研究:基于知
识共享与知识整合中介效应视角[J].管理评论,2014,26(6):74-82.

[37]陆雄文.管理学大辞典[Z].上海:上海辞书出版社,2013.

[38]Zeithaml V A. Consumer Perceptions of Price, Quality, and Value: A
Means-End Model and Synthesis of Evidence[J]. Journal of Marketing,
1988,52(3):2-22.

[39]Ravald A,Gronroos C. The Value Concept and Relationship Marketing
[J]. European Journal of Maeketing,1996,30(2):19-30.

［40］ Woodruff R B. Customer value：The Next Source for Competitive Advantage［J］. Journal of the Academy of Marketing Science，1997，25(2)：139-153.

［41］ Flint D J，Woodruff R B，Gardial S F. Customer Value Change in Industrial［J］. Marketing Relationships，1997，26(2)：163-175.

［42］ Chen Z，Dubinsky A J. A Conceptual Model of Perceived Customer Value in E-commerce：A Preliminary Investigation［J］. Psychology and Marketing，2003，20(4)：323-347.

［43］ 董大海，权小妍，曲晓飞. 顾客价值及其构成［J］. 大连理工大学学报（社会科学版），1999(4)：18-20.

［44］ 白长虹. 西方的顾客价值研究及其实践启示［J］. 南开管理评论，2001(2)：51-55.

［45］ 武永红，范秀成. 顾客价值导向的企业竞争力及其提升策略［J］. 中国流通经济，2004(11)：52-55.

［46］ 成海清，李敏强. 顾客价值概念内涵、特点及评价［J］. 西北农林科技大学学报（社会科学版），2007(2)：34-38.

［47］ 杨毅. 互联网渠道顾客感知价值研究［D］. 大连：大连理工大学，2007.

［48］ 徐渭彬. 国家标准 GB/T10300.1～10300.5《质量管理和质量保证》系列将在全国推行［J］. 汽车与配件，1989(7)：19.

［49］ Juran J M. The Quality Trilogy［J］. Quality Progress，1986，19(8)：19-24.

［50］ 魏鹏，杨璇. 基于环境成本控制的企业全面质量管理［J］. 企业研究，2012(2)：28-30.

［51］ 汤竞南. 图书馆的全面质量管理［J］. 图书情报工作，1998(7)：9-11.

［52］ 刘绍育. 试论商业银行全面质量管理体系的建构［J］. 求索，1998(5)：

35-36.

[53] 吴元其,杜其秀.高教全面质量管理刍议[J].安徽师范大学学报(人文社会科学版),1999(3):326-330.

[54] 庞川,冯叶,黄丽华.全面质量管理在电子商务中的实施[J].科学管理研究,2003(1):90-92.

[55] 党秀云.公共部门的全面质量管理[J].中国行政管理,2003(8):31-33.

[56] 毛春元.全面质量管理与统计技术[J].数理统计与管理,2001(4):11-13.

[57] 常金玲.基于PDCA的信息系统全面质量管理模型[J].情报科学,2006(4):584-587.

[58] 宋永涛,苏秦,彭晓辉.全面质量管理系统的动态演化模型[J].科技管理研究,2008(8):209-211.

[59] 何桢,赵玉忠.全面质量管理中的关键影响因素分析[J].统计与决策,2008(12):164-166.

[60] 文东华,陈世敏,潘飞.全面质量管理的业绩效应:一项结构方程模型研究[J].管理科学学报,2014,17(11):79-96.

[61] 张颖,刘梦晓,胡蕊,等.全面质量管理与创新的中介变量研究——基于组织文化智力视角[J].管理评论,2021,33(8):116-127.

[62] 庾晋,周洁.小区绿化有章可循[J].中国林业,2002(3):21-21.

[63] 左文进,刘丽君,彭红霞.小城镇住宅物业服务满意度及其影响因素研究[J].小城镇建设,2018(6):113-118.

[64] Porter M E. Strategy&Society:The Link between Competitive Advantage and Corporate Social Responsibility[J]. Harvard Business Review,2006,84(12):78-92.

[65] 鲁捷.行业转型升级:人才与政策是关键[J].中国物业管理,2012(10):

52-53.

[66] 李治堂.现代服务业研究成果评述[J].商业时代,2007(15):12-14.

[67] Parasuraman A, Zeithaml V A, Berry L L. A Conceptual Model of Service Quality and Its Implications for Future Research[J]. Journal of Marketing,1985,49(4):41-50.

[68] 肖贻杰.高职院校毕业生就业质量构成因子及现状分析[J].职业技术教育,2012(29):76-81.

[69] 王伟廉.人才培养模式:教育质量的首要问题[J].中国高等教育,2009(8):24-26.

[70] 张士.社会需求导向的高职人才培养模式研究[J].职教论坛,2013(19):34-36.

[71] 李春波.高职高专物业管理专业课程体系研究[J].黑龙江教育(高教研究与评估),2008(9):71-72.

[72] 罗纪红.物业管理专业人才培养模式改革研究[D].重庆:重庆大学,2008.

[73] 谢家瑾.对物业管理向现代服务业转型升级的粗浅认识[J].中国物业管理,2012(10):1.

[74] 彭后生.我校高职物业管理专业人才培养模式改革初探——以"3+3"工学结合人才培养模式为例[J].现代物业,2008(3):76-78.

[75] 李俊秀,马应魁,王瑾,等.基于工学结合的高技能应用型人才培养方案的探索[J].中国职业技术教育,2012(17):46-49.

附　录

一、访谈记录

（根据前期调研阶段我们对星河物业高管访谈录音整理）

1. 问题：请问星河物业的转型升级在行业内有什么意义？星河物业具体是如何做的？

第一，我觉得我们企业对整个行业生态是非常有样板意义的，因为我们是中国80％的中小型企业之一。我们企业在2015年开始转型，现在基本上转型到了以公建类项目为主的服务市场上来。而且这几年转型非常快，目前非住宅项目占比已经达到70％，2020年底预计可以达到80％，我们已经成功地转型到了以非住宅业务为主的市场结构。在整个互联网技术融合的发展过程当中，领头企业发展越来越快，"滚雪球"般地飞速增长，他们的基本手段就是通过资本输出和技术输出。但是像我们这些中小型企业既没有资本也没有技术，所以我们聚焦在业务转型上，已经成为区域品牌形象非常清晰的企业。

第二，我们开始在产品（服务）设计上发力。针对各种业务，根据业务需求，我们做了一个产品体系——"臻星"服务体系，该服务体系侧重于非住宅业务。在这个服务体系里，我们加入了政府现在所强调的绿色和红色概念。因为我们公司是对公单位，所以必须强调建设这些方面。

第三,关于服务质量标准的问题。物业服务质量标准是物业服务行业一直以来很难解决的问题,我们也一直努力解决中。我们通过不断尝试去制定这个服务标准,把服务标准可视化,不断强化最底层的能力。没有技术就没有未来的互联网,我们也做了个平台,是基于公司自身效率提升的平台。但是,非住宅业务对公客户平台还没有建立。我们在业务上基本完成了转型,在产品上有了更深的支撑,基本形成了现在企业这种比较平稳且持续增长的状态。在整个物业服务市场竞争的阶段,算是存活下来了。

2.问题:请问整个物业服务行业近年来发展得怎么样?

物业服务行业开始改变应该是在2010年,智能手机的出现改变了这个行业的进程。2014年有中国物业服务企业在香港上市,这对于整个行业的发展和理念的转变具有里程碑意义。随着互联网的发展,物业服务行业与互联网技术开始融合。小区有数量庞大的住户,在与互联网嫁接之后,这些住户成为互联网营销的目标,资本市场也开始关注这一利润。一些领头物业服务企业开始做生活类的互联网平台,发展非常迅速,领头企业在物业服务市场大幅度扩张。从2014年开始到现在,整个资本市场有44家上市的物业服务企业。由于这样的扩张,这些领头企业基本把全国各地优质的商品房项目资源全部垄断。而这些头部企业对当地的一些中小型物业服务企业的打压是非常大的,不管是在资源还是产品研发上。这使那些中小型物业服务企业在市场营销上比不过它们,只能维持现状。更重要的是,最近几年人工成本增长迅速,导致所有物业服务企业在物业收费上的价格没有涨,而人工成本飞速增长,所以我们打算逐渐退出这个市场。我们发现非住宅类市场中没有传统的物业服务企业,这正是那些头部企业覆盖不到的地方。现在整个物业服务行业因为互联网的发展,已经不再是传统的物业管理了,是和互联网高度融合的行业。在这一轮市场融合过程中,我们星河找到了自己的生存契机,并且很好地存活了下来。现在人们对美好生活的向往就是需要这种服务业去创造的,服务业高质量发展是现代服务发展的趋势所在。

3.问题:住宅和非住宅项目的物业服务区别有哪些?

回答:基础服务是差不多的,但客户需求有所区别。对于非住宅项目来说,客户对品质非常敏感,对价格不是特别敏感,同时非住宅客户的行动力非常快,对物业服务公司在工作中产生的问题很快会有反应,物业服务公司在收到反馈后需要快速制定对策,迅速解决问题。相较于非住宅业务客户来说,住宅类项目的客户对价格非常敏感,群体很难统一表达对品质的要求,当出现不同意见时,物业服务公司所做出的决策,在落实到实际行动中阻力会很大。

4.问题:从传统物业管理和现代物业管理的差异来讲,星河对现代物业管理的理解是怎样的?

回答:我们觉得对于一个行业而言,所有从业者都需要顺应时代的发展,围绕客户需求进行转型升级。举个例子,在 10 年前,手机还是 iPhone 3、iPhone 4,而到了今天已经是 iPhone 12 了,客户需求已经升级到了 iPhone 12 了,再提供给客户 iPhone 3 这个产品是不能满足客户需求的。所以星河物业的服务一定要切合客户需求。面对中产阶级的扩大、智能互联网的广泛应用等一系列社会环境的变化,客户需求也在不断地发生转变。客户希望企业的服务能更贴合生活,比如居家服务、个性化需求……希望在这些领域,企业能提供相应的服务。如果物业服务还停留在传统模式——保安、保洁、绿化、设备养护,就会被市场淘汰。特别是互联网技术、移动技术革新之后,客户需求的方向也明显向着智能化发展。需求的升级导致了服务的升级。因此,传统和现代物业管理的区别就是互联网技术的融合。这些新技术的融合就形成了新物业服务,也就是现代物业服务。

5.问题:那么现在这些互联网技术已经运用到哪些方面了?

回答:我们非常清楚数字化技术的潜力,有数字化能力才有未来。客户需要企业的数字化能力,那么如果企业不去开发数字化方面的能力,客户就很可能放弃你的服务。我们的互联网技术运用主要分为两个部分:一方面,内部流程要智能,通过技术来提升企业的效率,压缩流程,实现管理上的简化;另一方面,对客户服务要智能,将服务进行线上和线下融合,这是物业服务企业智能化必不可少的步骤。

6.问题:星河物业对非住宅市场的地域定位是怎样的?

回答:目前以温州地区及周边为主,但是我们的业务是面向全国来发展的,产品没有区域限制,服务是无边界的。

7.问题:企业对走出温州、面向全国有没有什么具体的方法?

回答:强大的产品服务能力、优良的口碑、价格优势等都是我们突围竞争的手段。

8.问题:从旧事物更新到新事物,肯定是有一部分精华需要被保留下来。这些可能是文化层面,也有可能是规范化的制度。请问在转型升级过程中,哪些部分是不变的,哪些是必须要变革的?

回答:市场在长期的发展中,理念层面的核心是不会发生大变化的。对于我们企业来说,首先是市场理念,其次是充分的服务理念。我们一直做到知行合一、把握市场,将服务作为核心重点,而不是知行失调,说得好、做得差。

9.问题:企业经营理念是不断更新变化的吗?

回答:我们最初的经营理念是"让服务更具价值",但现在,我们提出了"共筑城市新美好"的新理念。从企业的角度来看,我们可以很清晰地界定服务升级,但是对客户而言、对社会而言,企业服务能造就什么? 对社会的贡献才是我们奋斗的目标。因此,我们将理念调整为"共筑城市新美好",在新美好共筑的过程中,要把企业使命牢记在心。

10.问题:对于公司本身的组织架构而言,除了智能管理平台的运用,在人力资源管理、财务管理方面,有没有什么变化?

回答:有的。因为随着企业规模的逐渐扩大,人员的不断增多,给管理带来了许多挑战。所以我们运用互联网技术来解决这些问题,结合企业面临的挑战和发展需要,开发了自己的系统,通过技术手段来应对组织裂变带来的管理任务增加的问题。

11.问题:首问责任制和满意工程具体是什么?

回答:首问责任制是很多服务型企业都在做的,就是在接到客户问询投诉反馈时,要负责到底,不能中途放弃;满意工程,就是要对服务进行评议,每年要定期走访,了解客户对我们服务的满意程度,平时也需要进行抽访、加访,要及时监测客户对服务的感知。

二、现场调研照片

　　说明：前四张照片分别为笔者深入物业服务现场实地调研的情景，后两张照片为星河物业高管在公司总部接受访谈的情景。

三、客户满意度调查问卷

尊敬的客户：

您好！为了提高星河物业的服务水平，现需征询您对该企业物业服务的满意度，特进行本次问卷调查。请您根据自己对该公司物业服务过程的真实体验填答，在您认为合适的选项前打"√"，谢谢您的配合！

一、基本情况

1. 您的年龄：

□25 岁以下　　　□25～35 岁　　　□36～45 岁　　　□46～55 岁

□56 岁及以上

2. 您的性别：

□男　　　　　　□女

3. 您的职业：

□事业单位　　　□企业单位　　　□个体从业者　　　□自由职业者

□离退休人员　　□其他

4. 您的学历：

□大专以下　　　□大专　　　　　□本科

□硕士研究生及以上

5. 您是住宅区业主还是非住宅区业主？

□住宅区业主　　□非住宅区业主

二、物业服务评价

1.您对物业服务总体满意度评价如何?

□很满意　　　　□满意　　　　□一般　　　　□不满意

□很不满意

2.您对物业服务项目的办事效率、解决问题的能力评价如何?

□很满意　　　　□满意　　　　□一般　　　　□不满意

□很不满意

3.您对物业服务项目的规范性评价如何?

□很满意　　　　□满意　　　　□一般　　　　□不满意

□很不满意

4.您对物业服务项目应对突发事件(例如恶劣天气、突发停水停电等)的

工作评价如何?

□很满意　　　　□满意　　　　□一般　　　　□不满意

□很不满意

5.您对物业服务项目装修管理制度(例如施工扰民、小区装修保养)评价

如何?

□很满意　　　　□满意　　　　□一般　　　　□不满意

□很不满意

6.您对清洁卫生(例如公共区域的垃圾处理、楼道卫生)工作的评价如何?

□很满意　　　　□满意　　　　□一般　　　　□不满意

□很不满意

7.您对小区绿化养护工作评价如何?

□很满意　　　　□满意　　　　□一般　　　　□不满意

□很不满意

8.您对生活配套设施(网络、信号、休闲设施)的完备程度评价如何?

□很满意　　　　□满意　　　　□一般　　　　□不满意

□很不满意

9.您对基础设施(例如电梯、路灯、配套管网等)的养护工作评价如何?

□很满意　　　　□满意　　　　□一般　　　　□不满意

□很不满意

10.您对物业服务项目防火防盗方面的工作评价如何?

□很满意　　　　□满意　　　　□一般　　　　□不满意

□很不满意

11.您对物业服务项目秩序维护工作(例如小区出入管理、小区巡逻)的

评价如何?

□很满意　　　　□满意　　　　□一般　　　　□不满意

□很不满意

12.您对物业消防工作建设(例如消防通道的畅通、消防设施的完备)的

评价如何?

□很满意　　　　□满意　　　　□一般　　　　□不满意

□很不满意

13.您对物业服务项目中车辆及交通管理服务(例如车辆进出、停放管

理)的评价如何?

□很满意　　　　□满意　　　　□一般　　　　□不满意

□很不满意

14.您对物业服务项目的文化建设、文化管理服务的评价如何?

□很满意　　　　□满意　　　　□一般　　　　□不满意

□很不满意

15.您对物业服务项目在邻里协调服务方面的评价如何？

□很满意　　　　□满意　　　　□一般　　　　□不满意

□很不满意

16.您对物业收费合理性、收费项目透明化的评价如何？

□很满意　　　　□满意　　　　□一般　　　　□不满意

□很不满意

17.您对物业收费标准与服务水平契合度的评价如何？

□很满意　　　　□满意　　　　□一般　　　　□不满意

□很不满意

18.您对物业服务内容的完整性和全面性评价如何？

□很满意　　　　□满意　　　　□一般　　　　□不满意

□很不满意

19.您对物业服务信息公示的评价如何？

□很满意　　　　□满意　　　　□一般　　　　□不满意

□很不满意

20.您对物业服务的总体满意度如何？

□很满意　　　　□满意　　　　□一般　　　　□不满意

□很不满意

21.您对星河物业的可信赖程度（从公平、客观、权威等视角）的评价如何？

□很满意　　　　□满意　　　　□一般　　　　□不满意

□很不满意

22.从继续支持、选择星河物业的可能性来看，您的满意度如何？

□很满意　　　　□满意　　　　□一般　　　　□不满意

□很不满意

23.您认为目前小区物业服务在哪些方面最需要改进？（可多选）

□都很好,不需要改进　　　　　□环境卫生方面

□安保服务方面　　　　　　　　□维修服务方面

□公共设施方面　　　　　　　　□服务态度方面

□服务内容的完整性方面　　　　□服务专业度方面

□其他方面

24.您对于物业服务项目工作有哪些建议？_____

四、员工满意度调查问卷

尊敬的星河物业员工：

您好！感谢您参与此次问卷调查！本次调查主要目的在于了解星河物业公司的员工满意度情况。本问卷采取不记名方式进行，请您依据真实情况如实填写问卷。本次调查用于学术研究及提出改善企业管理的建议，您只需要对以下的问题在合适的答案前打"√"。感谢您百忙之中参与此次调查！

一、基本情况

1.您的年龄：

□25 岁以下　　□25～35 岁　　□36～45 岁　　□46～55 岁

□56 岁及以上

2.您的性别：

□男　　　　　□女

3.您的学历：

□初中及以下　□高中或中专　□大专　　　　□本科及以上

4.您的岗位：

□基层人员　　□中层人员　　□高层人员

5.您的月薪收入：

□3000 元及以下　　　　　□3001～5000 元

□5001～7000 元　　　　　□7001 元及以上

6.您在本公司的工作年限：

□1 年以下　　□1～5 年　　□6～10 年　　□10 年以上

二、员工满意度情况

(一)工作本身满意度

1.您对于工作岗位的满意程度？

□很满意 　　　□满意 　　　□一般 　　　□不满意

□很不满意

2 您对日常工作量合理性的评价？

□很满意 　　　□满意 　　　□一般 　　　□不满意

□很不满意

3.您对于目前工作的压力水平的评价？

□很满意 　　　□满意 　　　□一般 　　　□不满意

□很不满意

(二)个人发展满意度

4.您对于公司的入岗培训机制满意吗？

□很满意 　　　□满意 　　　□一般 　　　□不满意

□很不满意

5.您对当前晋升制度的满意度如何？

□很满意 　　　□满意 　　　□一般 　　　□不满意

□很不满意

6.您对目前岗位是否获得技能提升、个人能力提升的评价如何？

□很满意 　　　□满意 　　　□一般 　　　□不满意

□很不满意

7.您对本工作稳定性的满意程度评价如何？

□很满意 　　　□满意 　　　□一般 　　　□不满意

□很不满意

（三）工作环境满意度

8.您对公司的后勤保障制度满意度评价如何？

□很满意　　　□满意　　　□一般　　　□不满意
□很不满意

9.您对现阶段办公条件的满意度评价如何？

□很满意　　　□满意　　　□一般　　　□不满意
□很不满意

10.您对日常工作时长满意度如何？

□很满意　　　□满意　　　□一般　　　□不满意
□很不满意

（四）工作协作满意度

11.您对所在部门人际关系和工作氛围满意度如何？

□很满意　　　□满意　　　□一般　　　□不满意
□很不满意

12.您对工作中得到尊重满意度评价如何？

□很满意　　　□满意　　　□一般　　　□不满意
□很不满意

13.您对部门内部沟通协作水平满意度评价如何？

□很满意　　　□满意　　　□一般　　　□不满意
□很不满意

（五）薪酬满意度

14.您对公司薪酬激励制度满意度评价如何？

□很满意　　　□满意　　　□一般　　　□不满意
□很不满意

15.您对收入与绩效、工作表现的相关度满意度评价如何?

□很满意　　　　□满意　　　　　□一般　　　　　□不满意

□很不满意

16.您对加薪机会的满意度评价如何?

□很满意　　　　□满意　　　　　□一般　　　　　□不满意

□很不满意

17.与同行业相比,您对薪酬水平满意度评价如何?

□很满意　　　　□满意　　　　　□一般　　　　　□不满意

□很不满意

(六)企业总体满意度

18.您对公司总体的满意度评价如何?

□很满意　　　　□满意　　　　　□一般　　　　　□不满意

□很不满意

19.您对本企业战略前景的满意度评价如何?

□很满意　　　　□满意　　　　　□一般　　　　　□不满意

□很不满意

20.您对公司文化建设满意度评价如何?

□很满意　　　　□满意　　　　　□一般　　　　　□不满意

□很不满意

21.您对公司的奖惩制度满意度评价如何?

□很满意　　　　□满意　　　　　□一般　　　　　□不满意

□很不满意

（七）企业管理满意度

22. 关于上级对您工作提出的期望和要求,您的评价如何?

□很满意　　　　□满意　　　　□一般　　　　□不满意

□很不满意

23. 关于公司对您反馈工作建议的采纳度,您的评价如何?

□很满意　　　　□满意　　　　□一般　　　　□不满意

□很不满意

24. 您对和上级有效沟通的满意度如何?

□很满意　　　　□满意　　　　□一般　　　　□不满意

□很不满意

25 公司对您工作的关注度和生活的关心度,您的评价如何?

□很满意　　　　□满意　　　　□一般　　　　□不满意

□很不满意

26 您对公司发展的建议和意见: _____

再次感谢您的参与!